茶艺与茶文化

主　编　李璐
副主编　李颖

西安电子科技大学出版社

内 容 简 介

中国是茶的故乡，也是茶文化的发源地。柴米油盐酱醋茶、琴棋书画诗酒茶，都反映出茶是老百姓生活和文人活动中的重要组成部分。茶艺与茶文化的内涵体现了中华民族的文化基因，采茶、制茶、沏茶的过程及赏茶、闻茶、品茶等习惯，充分展现出中华民族的文化内涵和礼仪修养。

本书从茶文化概论、中国茶文学、茶艺基础知识、茶艺礼仪与习茶手法、茶艺表演实训五个方面入手，系统地介绍了中国茶艺与茶文化内容。

图书在版编目（CIP）数据

茶艺与茶文化/李璐主编.
—西安：西安电子科技大学出版社，2015.9(2023.9重印)
ISBN 978-7-5606-3694-8

Ⅰ.① 茶… Ⅱ.① 李… Ⅲ.① 茶叶—文化—中国
Ⅳ.① TS971

中国版本图书馆CIP数据核字（2015）第205713号

策　　划　杨丕勇
责任编辑　张　玮
出版发行　西安电子科技大学出版社（西安市太白南路2号）
电　　话　(029)88202421　88201467　邮　　编　710071
网　　址　www.xduph.com　　　　电子邮箱　xdupfxb001@163.com
经　　销　新华书店
印刷单位　广东虎彩云印刷有限公司
版　　次　2015年9月第1版　2023年9月第9次印刷
开　　本　787毫米×1092毫米　1/16　印　　张　10
字　　数　142千字
印　　数　12 181～12 680册
定　　价　38.00元
ISBN 978-7-5606-3694-8/TS
XDUP 3986001-9
****如有印装问题可调换****

《茶艺与茶文化》主编简介

李璐，女，汉族，中共党员，湖南邵阳人，文学博士，副研究员，国家高级茶艺师，国家高级评茶员，湖南省普通高校青年骨干教师。现任湖南环境生物职业技术学院团委书记。主要从事中国古代文学与生态文化、茶艺与茶文化研究与教学工作。先后主持并完成省部级课题3项，参与国家级及省部级课题3项，发表科研论文20余篇。获得国家级教学成果二等奖、湖南省高等教育教学成果一等奖等教科研奖励。

有态度的人生(代序)

茶，民生日用，"开门七件事"之一。自神农氏以茶叶解百毒的传说产生以来，它历经了汉魏六朝士人的清雅推崇、唐诗宋词的香茗濡染、明清百姓的竞相追捧，深刻地融汇进了中华民族的文化基因。前些年，我在广东考察合作企业，他们普遍反映要加强学生的书面表达与沟通交流能力，并且在多次品茶交流中给予我一些改进的启示。乙未羊年肇始，我提议在培养高素质技能型人才综合素养的创新实践中，正式将"茶艺与茶文化"课程列入必选课，每年面向全体新生开设，同时，我嘱咐团委李璐博士牵头、组织一批教师编写《茶艺与茶文化》教材，组建茶艺与茶文化教研室，建设相应的茶艺实践基地，送培若干名茶艺教师。本课程的目标是通过茶道的研习，为同学们打开一扇新的素质教育之窗，在让他们学会各类茶艺技能的同时，凝练出淡定从容的个性，培养出慎思笃行的气质，选择出一种有态度的人生。

我校"茶艺与茶文化"课程由理论教学和实践教学两部分组成，理论教学以茶文化的发展史为切入点，纵向厘清历代饮茶习惯的演变、茶文学的发展历程；横向梳理绿茶、黄茶、乌龙茶(青茶)、白茶、红茶、黑茶六大茶类的特征及制作方法；综合阐述饮茶的益处、茶艺器具与水的选择、不同茶类的储藏方法。实践教学以培养学生的动手能力为出发点，对不同场合的茶艺礼仪进行培训，通过茶艺表演实训，使学生熟练掌握各类习茶手法，品评不同茶类。此外，还配合微课、微信等新媒体手段，形成传统文化全方位育人的良好氛围。

本书共 5 章，第 1 章总体讲述茶文化概论，第 2 章介绍中国茶文学，第 3 章是茶艺基础知识的普及，第 4 章在实际操作中教授茶艺礼仪与习茶手法，第 5 章是茶艺表演实训。通过对这些内容的学习与培训，让每一个懂茶、品茶与爱茶的同学，都能成为传播茶文化的一份子。

在校企合作、师生互动的良性循环中，我校茶艺与茶文化课程的影响力日益增强：多名师生获得了茶艺师、评茶员等职业资格证书；茶艺表演队承接了国内多项大型茶事活动的表演工作，例如"南岳衡山中华茶祖节"祭茶大典、湖南省大学生思想道德提升工程示范项目推进会等。学校已建成了能容纳600人观影、60人同时操作的茶艺体验中心，拍摄了多部茶文化主题的微电影。合作的茶叶企业实训基地已拓展到十余家，茶艺表演队员深受用人单位的好评。

我常讲，人不能选择生命的长度，却能拓展生命的宽度、锻造生命的深度。茶艺，不仅是一种生活方式的选择，更是对待生命的态度。有态度的人生，与茶相同，唯有不忘初心，方得始终。在本书付梓之际，爰志数语如上，是为序。

陈剑旄谨识

2015 年 7 月 2 日于湖南衡阳

陈剑旄 男，汉族，湖南茶陵人，中共党员，哲学博士，二级教授，硕士生导师，全国农业职业教育教学名师，全国农业职业教育教学指导委员会委员，教育部农村与农业类专业教学指导委员会副主任，国家生态文明基地首席专家，《湖南生态科学学报》主编，湖南省伦理学会副会长。现任湖南环境生物职业技术学院院长、党委副书记。主要从事中国伦理思想史、生态文明教育以及高职教育可持续发展研究与教学工作。先后主持并完成省部级课题 4 项，参与国家级及省部级课题 5 项。获得国家级教学成果二等奖1项、湖南省高等教育教学成果一、二等奖 6 项。

目　　录

第1章　茶文化概论

1.1　茶文化的发展史

1.1.1　茶文化导论

　　茶是中华民族的传统饮品，发于神农，闻于周公，兴于唐朝，盛于宋代，普及于明清之时。茶文化以茶为载体，并通过这个载体来传播各种艺术。茶文化是茶与文化的有机融合，包含和体现了一定时期的物质文明和精神文明。

1. 茶的起源

　　(1) 茶的发现和利用。茶树是多年生常绿木本植物。我国是世界上最早发现茶树、利用茶树的国家。茶最初是作为药用，后来才发展成为饮品。《神农本草经》(约成书于汉朝)中记述了"神农尝百草，日遇七十二毒，得荼而解之"的传说，其中"荼"即"茶"，这是我国最早发现和利用茶叶的记载。在我国，人们一谈起茶的起源，都将神农列为第一个发现和利用茶的人。

　　① 神农的传说。唐朝陆羽《茶经》："茶之为饮，发乎神农

氏。"在中国的文化发展史上，往往是把一切与农业、与植物相关的事物起源都归结于神农氏。关于神农氏发现茶之可饮，古代有这样两种传说：

一种传说是神农时代人们还不会用火烧东西吃，花草、野果、虫鱼、禽兽之类都直接生吞活咽，因此经常生病。神农为了解除人们的疾苦，用自己水晶般透明的肚子把看到的植物都试尝了一遍，看看这些植物在肚子里的变化，以便让人们知道哪些植物无毒可以吃，哪些有毒不能吃。这样，他就开始试尝百草。当他尝茶时，发现茶在肚内到处流动，把胃肠洗涤得干干净净，他意识到这种植物具有解毒的功效，于是采叶而归，称这种植物为"查"，以后人们又把"查"说成了"茶"。神农成年累月地跋山涉水，试尝百草，每天都得中毒几次，全靠茶来解救，但是有一天在吃到断肠草后，还没来得及吃茶叶就中毒身亡了，神农就这样为拯救人类牺牲了自己。

另一种传说是说神农时代没有医生，人们生病了只得找些草药煎服。有一次，当神农在大树下生火煮水，准备给病人煎药时，刚好有几片茶树叶子飘落在锅内，煮好的水，其色微黄，喝入口中发现水味带苦涩，喝后回味香醇甘甜，并能解渴生津，提神醒脑，因而捞叶剖析，肯定了茶的药用价值。

从传说中可以看出，现在的农业和医学是前人用血汗和生命换来的。在原始社会，人们为了求生存，必须与饥饿和疾病作长期艰苦的斗争。原始农业和医学的建立，绝不是某一时期、某一个人所能完成的，而是千千万万劳动人民经过长期实践的结果。后人因崇敬、纪念农业和医学发现者的功绩，特地塑造了神农氏这样一个偶像。

《神农本草经》书云："茶叶味苦寒，久服安心益气，轻身耐劳。"此外还记载了茶叶可以医头肿、膀胱病、受寒发热、胸部发炎，能止渴兴奋，使心境爽适。可以有把握地说，至少在战国时代，茶叶作为一种药物，已为人们所了解。可见，我国有着悠久的茶文化史。

神农尝百草图

②　茶树的原产地。据植物学家分析，茶树起源至今至少有6000万至7000万年的历史。我国西南地区是世界上最早发现野生茶树和现存野生大茶树最多、最集中的地方，同时这里是最早发现茶、利用茶的地方。这里的野生大茶树最具有原始的特征和特性。根据植物分类，茶科植物共 23 属、380 多种，分布在我国的就有 15 属、260 余种，其中绝大部分分布在云南、贵州和四川一带，并且还在不断发现中。

云南地区发现的千年古茶树

早在三国时期(220—280年)我国就有关于在西南地区发现野生大茶树的记载。近几十年来，在我国西南地区不断发现古老的野生大茶树。如 1996 年在云南镇沅县千家寨海拔2100 米的原始森林中，发现一株高 25.5 米、底部直径为 1.2 米、树龄达 2700 年左右的野生大茶树。据不完全统计，我国已有 10 个省区共 198 处发现有野生大茶树，而且树体大、数量多、分布广，这些都证明了我国是茶树原产地。

③ 茶叶的利用。茶和其他作物一样，从发现到利用有一个漫长的过程。茶最早可能是被作为食用或药用，之后逐渐演变成饮品。

春秋时期(公元前 770 —前 475 年)，茶生产有了发展，茶叶还混煮羹饮作为菜食。《晏子春秋》中记载：晏婴在齐景公时(公元前 547 —前 490 年)虽身为国相，但吃的除了糙米饭和三五样荤食外，都是以茶叶当菜食。至今我国一些少数民族仍沿袭古法，有"凉拌茶菜"和"油茶"等吃法。

《神农本草经》记载"茶味苦，饮之使人益思，少卧，轻身，明目"，南北朝任昉的《述异记》记载"巴东有真香茗，其花白色如蔷薇，煎服，令人不眠，能诵无忘"。从秦汉时代，人们较关注茶的药用功能。

茶叶是祭祀的珍品，《礼记·地官》有"掌茶"和"聚茶"以供丧事之用的记载。唐代陆羽的《茶经·七之事》中还记载："南齐世祖武皇帝遗诏：'我灵座上慎勿以牲为祭，但设饼果、茶饭、干饮、酒脯而已。'"

秦至两汉时期，茶从药物扩展为饮品，茶叶的利用进入了一个广阔的新时期。

西汉王褒的《僮约》中有两处提到茶叶："脍鱼包鳖，烹茶尽具"；"武阳买茶，杨氏担荷"。早在西汉时期，我国四川一带饮茶、种茶已日趋普遍。依山傍水的双江镇，早在 2000 多年前就已经是一个闻名的茶叶交易市场。

《三国志·吴志·韦曜传》中记载了这样一件事：孙皓性嗜酒，每次设宴，座客至少饮酒七升，虽不完全喝进嘴里，也都要浇于头上并亮盏说"干"。韦曜的酒量不过二升，但他博学多闻，深为孙皓所器重，孙皓对他以礼相待，就暗中赐给他茶汤来代替酒。

这段史实是史籍中最早关于"以茶代酒"的论述。

人类对茶利用的每一个历史阶段，都可能存在着多种形式。例如，当今茶主要是被当成饮品，但也有把茶当作食品、药用和祭品使用的。茶的利用形式的时期划分并不是绝对的。

(2) 茶的称谓。我国对野生茶的利用有 5000 年之久；自西周时移为家种，至今也有 3000 多年了。然而，"茶"字的出现却要晚得多。

唐代陆羽在《茶经》中提到"其名，一曰茶，二曰槚(jiǎ)，三曰蔎(shè)，四曰茗，五曰荈(chuǎn)"。总之，在陆羽撰写《茶经》前，对茶的提法不下 10 余种，其中用得最多、最普遍的是"荼"。由于茶事的发展，指茶的"荼"字使用越来越多，有了区别的必要。陆羽在写《茶经》(公元 758 年左右)时，将"荼"字减少一划，改写为"茶"，于是从一字多义的"荼"字中衍生出了"茶"字，自此以后，在古今茶学书中，茶字的形、音、义也就固定下来了。

晋代王微《杂诗》有句："待君竟不归，收颜今就槚。"中诗人所饮的"槚"和《尔雅》所载的"槚"，指的都是茶。

西晋杜育作《荈赋》："灵山惟岳，奇产所钟，厥生荈草，弥谷被岗。"赋中说的生于高山的奇产"荈草"，即是茶。

唐代杜甫《进艇》诗中有"茗饮蔗浆携所有，瓷罂无谢玉为缸"之句，这"茗"亦是茶。

《三国志·吴志·韦曜传》："或密赐茶荈以当酒。"唐代皮日休《茶坞》诗云："种荈已成园，栽葭宁记亩。"这密赐的"荈"和宁记亩栽的"葭"，同是指茶。

还有司马相如《凡将篇》中提到了"荈诧"；扬雄《方言》所说的"蜀西南人，谓荼曰蔎"；黄奭辑《神农本草经》云："苦茶，味苦寒，主五脏邪气……一名荼草，一名选，生川谷。"这"诧"、"蔎"和"选"都是茶。

除了茶、茗、荈、槚、诧、蔎、葭、选之外，茶的别称还有槄、皋芦、瓜芦、水厄、过罗、物罗、姹、葭茶、苦茶、酪奴等称呼。茶的别称在唐代以后多数已不用，也有延续用的，如"茗"用得还比较多，今人常称饮茶为"茗饮"或"品茗"。

茶的雅号也不少，如一名"不夜候"，晋代张华《博物志》称"饮真茶，令人少眠，故茶美称不夜候，美其功也"；一名"清友"，据宋代苏易简《文房四谱》言，"叶嘉字清友，号玉川先生。清友为茶也"；一名"余甘氏"，据李郛《纬文琐语》称，"世称橄榄为余甘子，亦称茶为余甘子，因易一字，改称茶为余甘氏"。此外，茶亦有雅称"森伯"、"涤烦子"的。随着名茶的出现，往往以名茶之名代称，如"龙井"、"乌龙"、"毛峰"、"大红袍"、"肉桂"、"铁罗汉"、"水金龟"、"白鸡冠"、"雨前"等，称谓极多，美不胜收。

茶叶最初是由中国输往世界各地的，"茶"字的音、形、义是中国最早确立的。世界各国对茶的称谓均源于中国"茶"字的音，如英语"TEA"、德语"TEE"、法语"THE"等都是由闽南语茶字(TE)音译过去的，俄语的"yah"和印度语音"CHA"是由我国北方音"茶"音译的，而日语茶字的书写即汉字的"茶"字。可以看出"茶"字最早出现于中国，世界各国对茶的称谓都是由中国"茶"字音译过去的，只是因各国语种不同发生变化而已，由此也可以说明，茶的称谓发源于中国。

(3) 茶的传播和发展。中国是茶树的原产地，中国在茶业上对人类的贡献，主要在于最早发现并利用茶这种植物，并发展形成了我国和东方乃至整个世界的一种灿烂、独特的茶文化。

① 茶在国内的传播和发展。我国茶叶从西南地区的原产地向外扩散，首先是推向与原产地相邻的周边省区，然后逐步扩大；主要是沿着除黄河以外的我国中部、南部几个大水系，有水路也有陆路。总的来说，茶在国内的传播大体循着一个由西向东、由南向北的方向。

巴蜀地区是产茶和饮茶之源，可从众多史料中找到依据。

顾炎武在《日知录》中指出"自秦人取蜀而后，始有茗饮之事"，即认为中国的饮茶是秦统一巴蜀之后才慢慢传播开来的。也就是说，中国和世界的茶叶文化最初是在巴蜀发展为业的。

巴蜀茶业在我国早期茶业史上的地位突出，战国时期形成了一定规模的茶区，西汉时饮茶成风，出现了茶叶市场和专门的饮茶用具。

秦汉统一中国后，茶业的影响力随巴蜀与各地经济文化交流而增强。茶的加工、种植，首先向东部和南部湘、粤、赣毗邻地区传播。

三国两晋时期，由于地理上的有利条件，茶东移，长江中游或华中地区成为茶业中心，逐渐取代了巴蜀而明显重要起来。

西晋时期《荆州土记》载曰"武陵七县通出茶，最好"，说明长江中游荆汉地区茶业的明显发展。

建康(南京)在西晋南渡之后成为我国南方的政治中心。这一时期，由于上层社会崇茶之风盛行，使得南方尤其是江东的饮茶和茶叶文化有了较大的发展，也进一步促进了我国茶业向东南推进。东晋和南朝时期，茶业重心东移的趋势更加明显，长江下游和东南沿海迅速发展。我国东南植茶，由浙西进而扩展到了现今温州、宁波沿海一线。

中唐以后，长江中下游茶区产量大幅度提高，连制茶技术也达到了当时的最高水平，湖州的顾渚紫笋和常州阳羡茶成为了贡茶。茶叶生产和制备的中心正式转移到了长江中游和下游。

江南茶叶生产集一时之盛。同时由于贡茶设置在江南，大大促进了江南制茶技术的提高，也带动了全国各茶区的生产和发展。

到了宋朝，由于全国气候由暖转寒，江南早春茶树因气温降低，发芽推迟，不能保证茶叶在清明前进贡到京都。而福建气候较暖，更适宜茶叶生长，中国南方南部的茶业，较北部更加迅速发展了起来，茶业重心由东向南移，贡茶也从顾渚紫笋改为福建建安茶。

作为贡茶，建安茶的采制必然精益求精，名声也愈来愈大，成为中国团茶、饼茶制作的主要技术中心，带动了闽南和岭南茶区的崛起和发展。

由此可见，到了宋代，茶已传播到全国各地。宋朝的茶区基本上已与现代茶区范围相符。明清以后，只是茶叶制法和各茶类兴衰的演变问题了。

② 茶在国外的传播。由于我国茶叶生产及人们饮茶风尚的发展，对外国产生了巨大的影响，所以朝廷在沿海的一些港口专门设立了市舶司管理海上贸易，包括茶叶贸易，准许外商购买茶叶，运回自己的国土。到了 19 世纪，我国茶叶的传播几乎遍及全球，1886年，茶叶出口量达268万担。可以说，中国给了世界茶的名字、茶的知识、茶的栽培加工技术。世界各国的茶叶，直接或间接，都与我国茶叶有着千丝万缕的联系。

中国茶叶传往世界各国，不仅时间很早，而且有着多种渠道，主要是经过南北两条丝绸之路，并形成了多种方式：第一，通过来华的僧侣和使臣，将茶叶带往周边的国家和地区，因而使中国茶叶的生产技术和饮用方法得以在各周边国家和地区流传；第二，通过派出的使节以馈赠形式，将茶叶作为礼品与各国上层交换；第三，通过贸易往来，将茶叶作为商品向各国输出。

2. 茶文化的概念

(1) 茶文化的定义。文化是一个广泛的概念，笼统来说，是一种社会现象，又是一种历史现象。中国茶文化是中国优秀传统文化的组成部分，糅合佛、儒、道诸派思想，独成一体，反映了与茶相关的劳动、艺术和生活文化。茶文化从无到有、从零碎到逐渐形成系统的过程中，由"物质"和"精神"两方面构成的说法是普遍的认识，也可作为对茶文化的通解。

茶文化是人们在饮茶过程中所产生的文化现象和社会现象，有广义和狭义之说。

① 广义的茶文化指人类在社会历史过程中所创造的有关茶的物质财富和精神财富的总和。

② 狭义的茶文化特指人类创造的有关茶的"精神财富"部分，如茶史、茶道、茶艺、茶礼、茶精神、茶诗词、茶画等与茶相关的众多文化现象。

(2) 茶俗、茶艺、茶道与茶文化。茶俗、茶艺、茶道分属三个层次、三种境界，却又相伴相生，形成了我们探寻茶文化内核的三条必通之途，是中华茶文化这只"传世宝鼎"的并立三足。我们若要真正得中国茶之至醇韵味，就非对此茶俗、茶艺、茶道做一深究不可。

茶俗是指在长期社会生活中，逐渐形成的以茶为主题或以茶为媒体的风俗、习惯、礼仪。事实上，人类最早认识到的茶，只是将其作为自己生活中的一部分，茶可疗疾、果腹、止渴等，所有的这一切，都说明了茶与大众生活息息相关。茶俗正是茶文化殿堂的第一重大门，只有开启了这扇大门，才可能真正迈入神圣的茶文化宫殿。

茶艺是在饮茶活动过程中形成的文化现象，是一种具有浓厚民族色彩的汉族茶文化。若从茶俗、茶艺、茶道这三者之间的关系上来说，茶艺则应当是茶文化的形象表述，并让人获得审美感受。无论是人们日常生活中丰富多彩的茶事活动，还是深奥玄妙的茶道精神都必须通过茶艺这扇玲珑剔透的茶文化之窗来展示。

茶道则是将茶文化的内核进行系统化、凝炼化，并上升到意识形态的领域。茶道被视为一种烹茶饮茶的生活艺术，一种以茶为媒的生活礼仪，一种以茶修身的生活方式。有了茶之道，茶开始走向经典、走向典雅、走向世界。

从大的方面着眼，则一切茶艺无非是茶俗二字。茶俗或者说大众的茶事活动，就是催生茶艺的土壤，也是培育茶道理论的基础。"俗"为根本，"艺"为表征，"道"是精髓，至此，中国茶文化逐步稳健、坚实地矗立于世界文化之林。

在茶文化中，饮茶文化是主体，茶艺和茶道又是饮茶文化的主体。茶艺无论是内涵还是外延均小于茶文化。茶艺是茶道的基础，是茶道的必要条件，茶艺可以独立于茶道而存在。茶道以茶艺为载体，依存于茶艺。茶艺重点在"艺"，重在习茶艺术，以获得审美享受；茶道的重点在"道"，旨在通过茶艺修身养性、参悟大道。茶艺的内涵小于茶道，茶道的内涵包含茶艺。茶艺的外延大于茶道，其外延介于茶道与茶文化之间。茶艺与茶道精神是中国茶文化的核心。

(3) 茶文化的社会功能。唐代刘贞亮在《茶十德》中曾将饮茶的功德归纳为十项：以茶散闷气，以茶驱腥气，以茶养生气，以茶除疠气，以茶利礼仁，以茶表敬意，以茶尝滋味，以茶养身体，以茶可雅志，以茶可行道。其中"散闷气"、"驱腥气"、"养生气"、"除疠气"、"尝滋味"、"养身体"诸项，是属于饮茶能满足人们生理需求和保健作用等方面的功能，而"利礼仁"、"表敬意"、"可雅志"、"可行道"等则属于茶道范围，也是茶文化的主要社会功能。因此，除了增进人们健康、促进茶业经济发展、弘扬传统文化之外，还可以将茶文化的社会功能简要归纳为下列三个方面：

① 以茶雅志——陶冶个人情操。茶道中的"清"、"寂"、"廉"、"美"、"静"、"俭"、"洁"、"性"等，侧重个人的修身养性，通过茶艺活动来提高个人道德品质和文化修养。

② 以茶敬客——协调人际关系。茶道中的"和"、"敬"、"融"、"理"、"伦"等，侧重于人际关系的调整，要求和诚处世，敬人爱民，化解矛盾，增进团结，有利于社会秩序的稳定。

③ 以茶行道——净化社会风气。在当今的现实生活中，商品大潮汹涌，物欲膨胀，生活节奏加快，竞争激烈，人心浮躁，心理易于失衡，人际关系趋于紧张。而茶文化是高雅、健康的文化，它能使人们绷紧的心灵之弦得以松弛，倾斜的心理得以平衡。以"和"为核心的茶道精神，提倡和诚处世，以礼待人，对人多奉献一点爱心，多给予一份理解，建立和睦相处、相互尊重、互相关心的新型人际关系。这样，必然有利于社会风气的净化。

1.1.2　历代茶文化概况

饮茶在我国有着源远流长的历史。我国是茶的原产地，茶的发现和利用有数千年历史。茶有文化，是人类参与物质、精神创造活动的结果。茶虽然被包含在茶文化之中，从某种意义来说，茶又是茶文化之源。正是有了神奇的茶树，才有了后世茶的发现和利用。千百年来，历朝历代许多文人饮茶成风，而这种饮茶风气的传承和扩大，便逐渐形成了中国的茶文化。

1. 茶文化的萌芽期(魏晋南北朝)

秦汉之际，民间开始把茶当作饮料，起始于巴蜀地区。东汉以后饮茶之风向江南一带发展，继而进入长江以北。至魏晋南北朝，饮茶的人渐渐多起来。

茶饮方法在经历含嚼吸汁、生煮羹饮阶段后，至魏晋南北朝时，开始进入烹煮饮用阶段。当时，饮茶的风尚和方式主要有以茶品尝、以茶伴果而饮、茶宴、茶粥四种类型。这些都是茶进入文化领域的物质基础。

(1) 茶进入文化精神领域。

① 以茶养廉。两晋时代，"侈汰之害，甚于天灾"，奢侈荒淫的纵欲主义使世风日下，深为一些有识之士痛心疾首，于是出现了陆纳以茶为素业、桓温以茶替代酒宴、南齐世祖武皇帝以茶示简等事例。陆纳、桓温等一批政治家提倡以茶养廉、示简的本意在于纠正社会不良风气，这体现了当权者和有识之士的思想导向：以茶倡廉抗奢。其中最出名的就是陆纳以茶待客的故事：东晋陆纳有廉名，任吴兴太守时，卓有声誉的卫将军谢安有一次去看他。对于这位贵客，陆纳不事铺张，只是清茶一碗，辅以鲜果招待而已。他的侄子非常不理解，以为叔父小气，有失面子，便擅自办了一大桌菜肴。客人走后，陆纳让人杖罚侄子40棍，并训斥说，你不能给叔父增半点光，还要来玷污我俭朴的家风。陆纳认为，客来待之以茶就是最好的礼节，同时又能显示自己的清廉之风。以茶倡廉示俭使茶脱离了单纯的饮用功能，上升到了文化的高度。

② 以茶为礼俗。南北朝时期，茶已用于祭祀礼仪。齐武帝萧赜在他的遗诏中说，我死了以后，不要用牲畜来祭我，只要供上些糕饼、茶、干饭、酒和果脯就可以了。从此以后，以茶为祭祀被广泛应用，可见人们对茶的精神与品格早就有了认识。

③ 以茶悦志、雅志。一是两晋以来，饮茶的功效越来越多地被人们所认识，茶叶由药用过渡到广泛饮用，当时许多文献都提到茶能"令人有力"、"益意思"以及"调神活内，倦解塘除"等。二是随着文人饮茶的兴起，有关茶的诗词歌赋日渐问世，茶已经脱离作为一般形态的饮食走入文化圈，起着一定的精神、社会作用，茶文化得以出现。魏晋时已有文人以诗文赞吟茗饮，如杜育的《荈赋》、孙楚的《出歌》、左思的《娇女诗》等。另外，文人名士既

饮酒又喝茶，以茶助谈，开了清谈饮茶之风，出现一些文化名士饮茶的逸闻趣事。在魏晋南北朝时期，茶饮已被一些皇宫显贵和文人雅士看做是高雅的精神享受和表达志向的手段。虽说这一阶段还是茶文化的萌芽期，但已显示出其独特的魅力。这段历史时期，许多玄学家、清谈家也从好酒转向好茶。

(2) 茶开始进入宗教领域。随着佛教传入、道教兴起，饮茶已与佛、道教联系起来。在道家看来，茶是帮助炼"内丹"，升清降浊，轻身换骨，修成长生不老之体的好办法，也出现了一些饮茶可羽化成仙的故事和传说，当时人们认为饮茶可养生、长寿，还能修仙；在佛家看来，茶是禅定入静的必备之物。虽然此时尚未形成完整的宗教饮茶仪式和阐明茶的思想原理，但茶已经脱离作为饮食的物态形式，具有显著的社会、文化功能，中国茶文化初见端倪。

2. 茶文化的形成期（唐代）

唐代是中国封建社会最兴盛的时期，茶的生产进一步扩大，饮茶风尚也进一步普及，为茶文化的形成发展准备好了基础。唐代饮茶普及主要表现在：茶肆遍天下；茗为人饮，与盐粟同资；茶被视为"赐名臣，留上客"（顾况《茶赋》）的珍品；僧人普遍饮茶并转相仿效；文化人特别好饮、喜饮。饮茶风气的盛行，加上佛教、道教的兴盛对饮茶风气的形成所起的推动作用，为茶文化的继续发展打下了扎实的社会基础。

唐代茶文化的形成与整个唐代经济、文化的昌盛、发展相关。尤其是中唐以前，国家富强，天下安宁，形成了各种文化的发展条件。唐朝疆域广阔，又注重对外交往，当时的长安不仅是国内的政治、文化中心，也是国际经济、文化交流中心。中国茶文化正是在这种大气候下形成的。茶文化的形成还与当时佛教的大发展、科举制度、诗风大盛、贡茶的兴起以及禁酒措施有关。

随着饮茶风尚的扩展，茶文化逐渐形成独立完整的体系。茶文化在唐代的形成和发展，主要表现在以下几个方面：

(1) 出现了最早的茶业专著——《茶经》。在中国茶文化史上，"茶圣"陆羽自成一套的茶学、茶艺、茶道思想及其所著的《茶经》，是一个划时代的标志。《茶经》是我国乃至世界现存最早、最完整、最全面介绍茶的第一部专著，被誉为"茶叶百科全书"。此书是一部全面介绍唐代及唐代以前有关茶事的综合性茶业专著，全书详细论述了茶的历史、源流、现状、生产技术、饮茶技艺和茶道原理，总结了包括茶的自然属性和社会功能在内的一整套知识。《茶经》并非仅述茶，而是把诸家精华及诗人的气质和艺术思想渗透其中，奠定了中国茶文化的理论基础，是茶文化正式形成的重要标志。

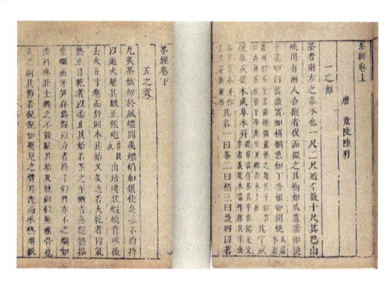

陆羽的《茶经》

(2) 茶文化的核心——茶道形成。唐代诗僧皎然在其诗作《饮茶歌·诮崔石使君》的最后一句提到了"茶道"这一概念，使其成为中国乃至全世界提出"茶道"概念的第一人。皎然将茶汤比喻为"诸仙琼蕊浆"，视茶为清高之物，且认为品茶能悟道，是一种精神享受。

陆羽《茶经》中有："茶之为用，味至寒，为饮最宜精行俭德之人。"他将茶人精神规定为"精行俭德"，即饮茶者应是具有俭朴美德之人。在陆羽看来，喝茶已不再是单纯地满足解渴这一生理需要了，而是对饮茶者提出了品德要求。陆羽的茶人精神其实就是茶道精神，所以说陆羽是中国乃至世界茶道精神的最早创始者。

唐朝著名爱茶诗人卢仝又进一步概述了茶道精神，以诗的形式生动且细致入微地描述了自身以茶行道的体会，揭示了茶道概念的内涵。其著名的茶诗《走笔谢孟谏议寄新茶》中写道："……一碗喉吻润。二碗破孤闷。三碗搜枯肠，唯有文字五千卷。四碗发轻汗，平生不平事，尽向毛孔散。五碗肌骨清。六碗通仙灵。七碗吃不得也，唯觉两腋习习清风生……"由此表明饮茶可解决生理上的需要，可助文思，可解烦恼，达到明心悟道的境界。

唐末的刘贞亮在其《茶十德》中对茶道精神进行了全面概括。他认为饮茶的功德之一就是有助于社会道德风尚的培育——以明确的理性语言将茶的功能提升到最高层次。

(3) 宫廷茶文化及其他茶俗形成。唐代皇室对茶的需求量逐渐扩大。唐中期以后的皇帝大多好茶，更是广向民间搜求名茶，要求入贡的茶也越来越多。随着贡茶的增多，皇帝将多余的贡茶用来赏赐重臣和勋亲以示恩信便成为统治者维护巩固其统治的策略。颁赐茶叶之风成为了唐代上层社会的一种隆重礼遇。在这种风气下，民间人们也相互之间互赠茶叶以表礼仪。文人、道士之间互赠茶叶后往往还会写诗答谢。人们待客以茶也蔚然成风，出现了"茶宴"。在这种社会风气下，自然体现着"恩泽"、"忠心"、"和平"、"谦让"、"虔诚"等精神文化。

唐代宫廷重茶、僧侣嗜茶、文人颂茶、百姓恋茶，饮茶风俗已经形成，在其社会生活中也起着重要的作用，促进了人们的社会交往。茶马交易、茶税等也相继出现，对唐代社会产生了重大的影响。

3. 茶文化的兴盛期(宋代)

俗话说："茶兴于唐，而盛于宋。"经过唐代多年的发展，饮茶之风已遍及全国，茶叶逐渐成为人们生活中的必需品。自宋代开始，茶成为"开门七件事"之一。

(1) 饮茶风俗渗透到社会生活各个角落。当时的统治阶层热衷饮茶，茶宴更是时常举行。茶业的发展推动了茶文化的发展，文人中出现了专业品茶社团，有官员组成的"汤社"、佛教徒的"千人社"等。宋徽宗更是热衷饮茶、品茶，还亲自撰写《大观茶论》一书，阐明了他对于饮茶精神的理解和哲学思考以及茶与天、地、人之间的联系。宋代的茶仪已成礼制，赐茶已成皇帝笼络大臣、眷怀亲族的重要手段，还赐给国外使节。宋代的是士大夫们更是在饮茶方面精益求精。"龙凤茶"为代表的精细制茶工艺的出现，把我国古代蒸青团茶的制作工艺推向一个历史高峰，拓宽了茶的审美范围，即由对色、香、味的品尝，扩展到对形的欣赏，为后代茶叶形制艺术发展奠定了审美基础。

在下层社会，茶文化更是渗透到人们生活的方方面面：有人迁徙，邻里要"献茶"；有客来，要敬"元宝茶"；定婚时要"下茶"；结婚时要"定茶"；同房时要"合茶"。

宋代茶文化继承了唐人注重精神意趣的文化传统，把儒学的内省观念渗透到茶饮之中，又将品茶贯穿于各阶层日常生活和礼仪之中。

(2)"斗茶"习俗十分盛行。"斗茶"又称"茗战"，是人们集体品评茶叶品质优劣的一种形式。由于宫廷、寺庙、文人聚会中茶宴的逐步盛行，特别是一些地方官吏和权贵为博帝王的欢心，千方百计献上优质贡茶，为此先要比试茶的质量，斗茶之风便日益盛行起来。民间斗茶风起，也带来了采制烹点的一系列变化。斗茶促进了当时制茶技术的提高和饮茶方式的完善。当时还流行一种技巧性很高的分茶技艺，是表现力丰富的古茶艺的一种，只是后来逐渐销声匿迹了。

古人"斗茶"图

(3) 茶馆、茶肆、茶坊兴起。斗茶的流行促使茶馆、茶肆进一步发展。市民、乡民们在茶馆里饮茶、斗茶、清谈、交易等，享受"盛世之清商"。唐代是茶馆的形成期，宋代则是茶馆的兴盛期。随着宋代商品经济的繁荣，茶馆、茶肆等商品经济活动场所也不断兴起。京城汴京是北宋时期政治、经济，文化中心，又是北方的交通要道，当时茶坊鳞次栉比，尤以闹市和居民集中地为盛。

凡有人群处，必有茶馆。南宋洪迈写的《夷坚志》中，提到茶肆多达百余处，说明随着社会经济的发展，茶馆逐渐兴盛起来，茶馆文化也日益发达。可以说，茶肆的兴起很大程度得益于饮茶之风的盛行，反之茶肆的兴隆又推动了饮茶风尚的普及。

(4) 茶文化逐渐深入到文人士子的创作题材中。这一时期，各种关于茶的诗词歌赋与其他各种文体也有较多的关于茶的论述。各种茶书的大量出现为以后中国茶文化的发展奠定了较高水平的理论基础。同时，宋代的文人们将琴棋书画融进茶事之中，大大提高了茶事的文化品位，这也是宋代茶文化成熟的一个标志。许多大文豪，如范仲淹、欧阳修、王安石、苏轼、陆游都乐此不疲，且留下许多脍炙人口的文艺佳作。茶诗文中有涉及对茶政批判的，也有对茶艺、茶道进行细腻入微描写的。宋代的茶学专著有 25 部之多。

总之，宋朝人拓宽了茶文化的社会层面和文化形式，茶事十分兴旺，茶文化不断深入精神世界，极大地充实了中华茶文化。

4. 茶文化的延续发展期(元明清)

在中国古代茶文化的发展史上，元明清也是一个重要阶段，无论是在茶叶的消费和生产，还是在饮茶技艺的水平、特色等各个方面，都散发着令人陶醉的文化魅力。较之宋代，元明清时期的饮茶更加简单化，使得老百姓与饮茶更加密切地结合，不同地区、不同民族都有着极为丰富的"茶民俗"。

这一时期，茶馆更是遍及大街小巷，茶文化深入市民阶层。各种茶文化不仅继续在宫廷、宗教、文人士大夫等阶层中延续和发展，茶文化的精神也进一步植根于广大民众之间，士、农、工、商都把饮茶作为友人聚会、人际交往的媒介。

《清明上河图》中的茶馆茶肆

(1) 元代茶文化特色。元代由于特殊的时代背景与民族因素，没能呈现文化的辉煌，但在茶学和茶文化方面仍然继续唐宋以来的优秀传统，并有所发展创新。当时的中华茶文化进一步在各地区、各民族、各阶层普及，且广泛吸收各方面积极因素，呈现出了许多新的特点，见证与促进了民族交流与融合。

① 元代已开始出现散茶。饼茶主要为皇室宫廷所用，民间则以散茶为主。由于散茶的普及流行，茶叶的加工制作开始出现炒青技术，花茶的加工制作也形成完整的系统。汉蒙饮食文化交流，还形成具蒙古特色的饮茶方式，开始出现泡茶方式，即用沸水直接冲泡茶叶。这些为明代炒青散茶的兴起奠定了基础。

② 茶入元曲。由于元代对知识分子不尊重，长时间停办科举，仕途也很险恶，许多文人以茶诗文自嘲自娱，还以散曲、小令等借茶抒怀。如著名散曲家张可久弃官隐居西湖，以茶酒自娱，写《寒儿令·春思》言其志；乔吉感慨大志难酬，"万事从他"却自得其乐地写道"香梅梢上扫雪片烹茶"。茶文化因此多了这种文学艺术表现形式。

(2) 明清时期茶文化特色。

① 饮茶方式改变。明清时期的饮茶方式发生了重大变化。历史上正式废除团饼茶的是明太祖朱元璋，皇室提倡饮用散茶，民间自然蔚然成风，并开始运用简单的"壶泡法"，这是饮茶方法史上的

一次革命。

这种冲泡法，对于茶叶加工技术的进步起到了巨大的推动作用。明代在茶叶生产上有了许多重要的发明创造，此时已出现蒸青、炒青、烘青等技术；茶类不断增多，出现了花茶、乌龙茶(青茶)、红茶等；泡茶的技艺有别，茶具的款式、质地、花纹千姿百态，明代也因此形成了紫砂茶具的发展高峰。

明清时期在茶饮方面的最大成就是"工夫茶艺"的完善。工夫茶是适应叶茶撮泡的需要经过文人雅士的加工提炼而成的品茶技艺，讲究茶具的艺术美、冲泡过程的形式美、品茶时的意境美，此外还追求环境美、音乐美。功夫茶艺大约在明代形成于江浙一带，扩展到闽粤等地，在清代转移到闽南、潮汕一带为中心。

清代时期，沿袭了明代的政治体制和文化观念，茶文化形成了更为讲究的饮茶风尚，茶叶外销形成了历史高峰。

② 文化艺术成就大。中国是最早为茶著书立说的国家，明代达到又一个兴盛期，而且形成鲜明特色。明代茶书对茶文化的各个方面加以整理、阐述和开发，创造性和突出贡献在于全面展示明代茶业、茶政空前发展和中国茶文化继往开来的崭新局面，其成果一直影响至今。

明清时期的茶文化在文化艺术方面的成就较大，除了茶诗茶画外，还产生了众多的茶歌、茶舞和采茶戏。采茶戏大约在明代中期以后在江西的赣南九龙山一带产生，至清代兴盛起来，传播到邻省各地，这是明清茶文化史上的一个重大成就。明代不少文人雅士留有传世之作，如唐伯虎的《烹茶画卷》、《品茶图》，文徵明的《惠山茶会记》、《陆羽烹茶图》、《品茶图》等。清代茶文化开始成为小说描写对象，茶书、茶事、茶诗不计其数。

清末至新中国建立前的 100 多年，由于社会动荡，传统的中国茶文化日渐衰微，饮茶之道在中国大部分地区逐渐趋于简化。从总趋势看，中国的茶文化是在向下层延伸，这更丰富了它的内容，也更增强了它的生命力。在清末民初的社会中，茶馆茶肆处处林立，大碗茶摊比比皆是，盛暑季节道路上的茶亭及善人乐施的大茶缸处处可见，"客来敬茶"已成为普通人家的礼仪美德。由于制茶工艺的发展，基本形成了今天的六大类茶。

5. 茶文化的再现辉煌期(当代)

新中国成立后，百业待兴，茶文化活动未能成为重点提倡的文化事业，一度还遭到极左路线的冲击。改革开放以后，特别是 20 世纪 80 年代中后期以来，随着人们物质和文化生活的改善，在国内外各种因素的促进下，中国的茶文化出现了蓬勃发展的态势。以改革开放以后为界定的现代茶文化与古代茶文化相比，更具时代特色，不但使以中国茶文化为核心的东方茶文化在世界范围内掀起一股热潮，而且内涵更为博大精深，既有人文历史，又有科学技术；既有学术理论，又有生活实践；既有传统文化，又推陈出新。因此，这是继唐宋以来，茶文化出现的又一个新高潮，主要表现在以下几个方面。

(1) 茶艺交流蓬勃发展。20 世纪 80 年代末以来，茶艺交流活动在全国各地蓬勃发展，特别是城市茶艺活动场馆迅猛涌现，形成了一种新兴产业。目前，中国的许多省、市、自治区，以及一些重要的茶文化团体和企事业单位都相继成立了茶艺交流团(队)，使茶艺活动成为一种独立的艺术门类。

(2) 茶文化社团应运而生。自 20 世纪 80 年代起，中华茶道开始复兴。茶艺、茶道、茶文化团体和组织纷纷成立，有台湾中华茶艺联合促进会、中国国际茶文化研究会、中华茶人联谊会、澳门中华茶道会、香港茶艺中心等，对普及和弘扬中华茶文化、弘扬中华茶道作出了积极贡献，为引导茶文化步入健康发展之路和促进"两个文明"建设起到了重要作用。

(3) 茶文化节和国际茶会不断举办。每年各地都举办规模不一的茶文化节和国际茶会，如西湖国际茶会、中国溧阳茶叶节、中国广州国际茶文化博览会、武夷岩茶节、普洱茶国际研讨会，法门寺国际茶会、中国信阳茶叶节、中国重庆永川国际茶文化旅游节等，都已举办过多次。这些活动从不同侧面、不同层次、不同方位深化了茶文化的内涵。

(4) 茶文化书刊推陈出新。进入现代，传统的茶诗、茶词、茶画的创作仍在继续；茶歌、茶舞、茶乐成为许多文艺晚会的保留节目；茶事散文也极其繁荣，茶事小说更是异军突起。还有不少专家学者对茶文化进行了系统、深入的研究，并出版了数百种茶文化专著，还有众多茶文化专业期刊和报纸、报道信息、研讨专题，使茶文化活动具有较高的文化品位和理论基础。

茶书出版硕果累累，比较有影响的有《中国茶经》、《中国茶文化概论》、《中国茶文化经典》、《中国茶文化宝典》、《中国茶文化精华》、《中国当代茶界茶人辞典》、《中国茶叶大辞典》等。

(5) 茶文化教学研究机构相继建立。目前，中国已有10多所高等院校设有茶学专业，以培养茶业专门人才。有的高等院校还成立茶文化研究所，开设茶艺专业，开设茶文化课程。一些主要的产茶省自治(区)也设立了相应的省级茶叶研究所。许多茶叶主要产销省、市自治(区)还成立了专门的茶文化研究机构，如北京大学东方茶文化研究中心、上海茶文化研究中心、上海市茶业职业培训中心、香港中国国际茶艺会等。

同时，日本的日中茶沙龙和日本中国茶协会，韩国的韩国茶道协会、韩国茶人联合会和韩国陆羽茶经研究会，以及北美茶科学文化交流协会等茶文化团体应运而生。它们与业已存在的各国茶文化团体一起开展交流活动，为全球范围的茶文化普及和提高作出了应有的贡献。

此外，随着茶文化活动的高涨，除了原有综合性博物馆有茶文化展示外，杭州的中国茶叶博物馆、四川茶叶博物馆、漳州天福茶博物院、上海四海茶具馆、香港茶具馆等也相继建成。

(6) 茶馆业迅猛发展。随着茶文化的全面复兴，现代茶艺馆如雨后春笋般涌现，遍布都市城镇的大街小巷。目前全国每一座大中城市都有数十到数百家的茶楼、茶馆、茶坊等，许多酒楼、宾馆也设有茶室。鉴于现代茶馆业的迅猛发展，国家劳动和社会保障部于1998年将茶艺师列入国家职业大典，2001年又颁布了《茶艺师国家职业标准》，规范了茶馆服务行业。茶艺馆成为当代茶业发展中的亮丽风景。

中国茶文化发展至今，已不再是一种简单的饮食文化，而是具有悠久历史的民族精神特质，讲究天、地、山、水、人的合而为一。

1.2　饮茶习惯的演变

1.2.1　唐代——煎茶时代

众所周知，茶源于中国，我们的祖先最先是把茶叶当作药物，从野生的大茶树上砍下枝条，采集嫩梢，先是生嚼，然后发展成用水煮嫩叶，喝煮沸后的茶汤。煎茶这个词原先是表示一个制作食用茶的一道工序，即用水煮采集的嫩茶叶。茶东渡日本以后，蒸汽杀青技术在中国基本

煎茶

被淘汰了，炒青技术在中国绿茶生产中得以大行其道，所以煎茶这个词在中国也变得比较陌生起来。后来煎茶逐渐被用来指代一个茶的品种，即通过蒸汽杀青工艺制成的绿茶。今天我们所说的煎茶就是以蒸汽杀青制造而成的绿茶中的一种。蒸汽杀青煎茶的工艺过程分为贮青、蒸青、粗揉、揉捻、中揉、精揉、干燥等工序。

大约在秦汉以后，出现了一种半制半饮的煎茶法，这可以在三国魏张辑的《广雅》中找到依据："荆巴间采叶作饼，叶老者，饼成以米膏出之。欲煮茗饮，先炙令赤色，捣末置瓷器中，以汤浇覆之，用葱、姜、桔子芼之。"表明此时沏茶已由原来用新鲜嫩梢煮作羹饮，发展到将饼茶先在火上灼成"赤色"，然后研开打碎，研成细末，过箩倒入壶中，用水煎煮，尔后再加上调料煎透的饮茶法。然而，陆羽认为如此煎茶，犹如"沟渠间弃水耳"。陆氏的煎

茶法，与早先相比，更讲究技法。按陆羽《茶经》所述，唐时人们饮用的主要是经蒸压而成的饼茶，在煎茶前，为了将饼茶碾碎，就得烤茶，即用高温"持以逼火"，并且经常翻动，"屡其正"，否则会"炎凉不均"，烤到饼茶呈"虾蟆背"状时为适度。烤好的茶要趁热包好，以免香气散失，至饼茶冷却再研成细末。煎茶需用风炉和釜作烧水器具，以木炭和硬柴作燃料，再加鲜活山水煎煮。煮茶时，当烧到水有"鱼目"气泡，"微有声"，即"一沸"时，加适量的盐调味，并除去浮在表面、状似"黑云母"的水膜，否则"饮之则其味不正"；接着继续烧到水边缘气泡"如涌泉连珠"，即"二沸"时，先在釜中舀出一瓢水，再用竹筴在沸水中边搅边投入碾好的茶末；如此烧到釜中的茶汤气泡如"腾波鼓浪"，即"三沸"时，加进"二沸"时舀出的那瓢水，使沸腾暂时停止，以"育其华"。这样茶汤就算煎好了。同时，主张饮茶要趁热连饮，因为"重浊凝其下，精华浮其上"，茶一旦冷了，"则精英随气而竭，饮啜不消亦然矣"。书中还谈到，饮茶时舀出的第一碗茶汤为最好，称为"隽永"，以后依次递减，到第四、五碗以后，如果不特别口渴，就不值得喝了。

从唐代民间煎茶的方法就可看出，人们在饮茶技艺上已相当讲究了，至于上层人士，特别是统治阶级，其饮茶的讲究程度就更非民间可以比拟的了。不过唐代的沏茶之法，虽然主要流行的是煎茶，但也有沏茶用点茶法的，这是因为唐代所制的茶叶，除主要的是饼茶外，还有粗茶、散茶和末茶，只是由于用煎茶法沏茶处于主导地位罢了，如果是末茶，也有用点茶法沏茶的。

1.2.2　宋代——点茶时代

点茶是唐、宋时的一种煮茶方法，是古代沏茶方法之一。点茶，也常用来在斗茶时进行。它可以在两人或两人以上进行，但也可以独个自煎（水）、自点（茶）、自品，它给人带来的身心享受，能唤来无穷的回味。

古时，点茶与点汤成为朝廷官场待下之礼，多见于宋人笔记，王国维《茶汤遣客之俗》已有考证，云："今世官场，客至设茶而不

22

饭，至主人延客茶，则仆从一声呼送客矣，此风自宋已然，但用汤不用茶耳。"薛瑞兆《元杂剧中的"点汤"》亦论及宋代情景，认为"设茶点汤的礼节盛行于宋，并流传到北方的辽金，只是次序更改为'先汤后茶'（宋张舜民《画墁录》卷一）。这也许是清代端茶送客的始由。但是，这种礼节在当时就已发展到虚伪不堪的地步。宋袁文《瓮中闲评》卷六：'古人客来点茶，客罢点汤，此常礼也。近世则不然，客至点茶与汤，客主皆虚盏，已极好笑。'"点茶法是宋代斗茶所用的方法，茶人自己饮用亦用此法。这时不再直接将茶放入釜中熟煮，而是先将饼茶碾碎，置碗中待用。以釜烧水，微沸初漾时即冲点碗中的茶。为了使茶末与水交融成一体，于是就发明了一种用细竹制作的工具，称为"茶筅"。

点茶

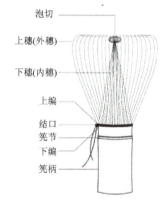

泡切
上穗(外穗)
下穗(内穗)
上编
结口
筅节
下编
筅柄

茶筅

到了宋代，中国的茶道发生了变化，点茶法成为时尚。和唐代的煎茶法不同，点茶法是将茶末放在茶碗里，注入少量沸水调成糊状，然后再注入沸水，或者直接向茶碗中注入沸水，同时用茶筅搅动，茶末上浮，形成粥面。其实，点茶就是把茶瓶里烧好的水注入茶盏中。具体操作是：在点茶时，先用瓶煎水，对候汤的要求与唐代是一样的。而后将研细的茶末放入茶盏中，倒入少许沸水，先调成膏。所谓调膏，就是视茶盏大小，用勺挑上一定量的茶末放入茶盏，再注入瓶中沸水，将茶末调成浓膏状，以黏稠为度。接着就是一手点茶，通常用的是执壶往茶盏中点水。点水时，要有节制，落水点要准，不能破坏茶面。与此同时，还要另一只手用茶筅旋转打击和拂动茶盏中的茶汤，使之泛起汤花(泡沫)，称之为"运筅"或"击拂"。在实际操作过程中，注水和击拂是同时进行的。所以，严格说来，要创造出点茶的最佳效果：一要注意调膏，二要有节奏地注水，三是茶筅击拂得视情而有轻重缓急的运用。只有这样，才能点出最佳效果的茶汤来。这种高明的点茶能手，被称之为"三昧手"。北宋苏轼《送南屏谦师》诗曰："道人晓出南屏山，来试点茶三昧手。"说的就是这个意思。

"点茶"茶礼从元朝起逐渐衰落，最后于明代消失。

1.2.3　元代——散茶时代

元代的饮茶方式及器具，主要承袭于宋代，而建元之后，茶礼茶仪仍然在文人僧道之间流传。蒙古人游牧民族粗犷豪放的性格和肉食乳饮的生活习惯，不可能对繁复精致的茶道产生持久的兴趣。虽然忽必烈在大都建元之后，有意识地引导蒙人学习汉族文化，但由于国民的主流喜爱简单直接的冲泡茶叶，因而在元代，团茶逐渐被淘汰，散茶得到较快的发展。当时制造的散茶，因茶鲜叶老嫩程度不同而分为两类：芽茶和叶茶。芽茶为幼嫩芽叶制成，如当时的茶名探春、先春、次春、紫笋、拣芽等均属芽茶；叶茶为较大的芽叶制成，如"雨前"即是。

元代茶叶有草茶、末荣之分。王拯《农书》又分作茗茶、本茶与蜡(腊)茶三种。"腊茶"也称"蜡面茶"，是建安一带对团茶、饼茶的俗称。这里，欧阳修不但证实当时片茶、散茶已各自形成了自己的专门产区和技术中心，并且也清楚指出，早在北宋景祐前后，我国各地的散茶生产，就出现了一个互相比较、竞相发展的局面。所谓"腊茶出于剑、建，草茶盛于两浙"，前者是指团饼的精品，也即主要就紧压茶的制作技术而言；后者是指散茶的区域，主要就散茶生产的数量而言。茗茶显然也是指草茶、散茶。从这种分法也可见元代散茶发展已超过末茶和腊茶，处于过渡阶段。元初马端临《文献通考》载："茗有片，有散，片者即龙团，旧法，散者则不蒸而干之，如今之茶也。始知南渡之后，茶渐以不蒸为贵矣。"也说明了这种转变趋势。

元代的饮茶大略有以下四类：第一种是文人清饮，即采茶后杀青、研磨，但不压做成饼，而是直接储存，饮用方式为点茶法，与宋代点饮法区别不大；第二种为撮泡法，采摘茶叶嫩芽，去青气后拿来煮饮，近似于茶叶原始形态的食用功能；第三种是调配茶或加料茶，在晒青毛茶中加入胡桃、松实、芝麻、杏、栗等干果一起食用，这种饮茶的方法十分接近现今在闽、粤、赣等客家地区流传的"擂茶"茶俗；第四种是腊茶，亦即宋代的贡茶——团茶，但当时数量已大减，主要供应当时的宫廷。

客家地区流传的"擂茶"

元代的饮茶风尚也是饼、散并行，重散略饼，具有过渡性的特点。工祯《农书》记载："茶之用有三：曰茗茶，曰末茶，曰蜡茶。"腊茶饮法是先用温水微渍，去膏油，以纸裹胆碎，用茶针微灸，然后碾罗煎饮，与宋代相似，但"此品惟充贡献，民间罕见之"。末茶饮法是"先焙芽令燥，入磨细碾，以供点试"，但"南方虽产茶，而识此法者甚少"。茗茶则是采择嫩芽，先以汤泡去熏气，以汤煎饮之，"今南方多仿此"。忽思慧也说："清茶，先用水滚过滤净，下茶芽，少时煎成。"可见传统的碾制团饼的饮法到元代已转入宫廷和上层，而茗茶即散茶饮法则在广大民众中普遍采用。

1.2.4 明代——泡茶时代

中国茶文化在经过了煎茶、点茶和散茶之后，在明代出现了新的方法——泡茶。泡茶酝酿于元朝至明朝前期，正式形成于 16 世纪末叶的明朝后期，鼎盛于明朝后期至清朝前中期，绵延至今。

朱元璋明初，茶饼制作工艺已经发展到了一个很高的水平，茶饼上镏金镂银，更有雕龙画凤，称之为"龙凤团茶"，但是整个制作过程耗时费工。1391年，明太祖朱元璋下诏，废龙团贡茶而改贡散茶，点茶随之衰落，泡茶逐渐兴盛。但真正开从简清饮之风——泡茶的是朱元璋的第十七子朱权。朱权大胆改革传统饮茶的繁琐程序，并著有《茶谱》一书，书中对茶品、茶具、饮茶方式等茶事活动涉及的各个方面都提出了明确具体的要求，特别对于茶提出讲求"自然本性"和"真味"，对于茶具反对繁复华丽和"雕镂藻饰"，为形成一套从简行事的烹饮方法打下了坚实的基础。16世纪末的明朝后期，张源著《茶录》，其书有藏茶、火候、汤辨、泡法、投茶、饮茶、品泉、贮水、茶具、茶道等篇；许次纾著《茶疏》，其书有择水、贮水、舀水、煮水器、火候、烹点、汤候、瓯注、荡涤、饮啜、论客、茶所、洗茶、饮时、宜辍、不宜用、不宜近、良友、出游、权宜、宜节等篇。《茶录》和《茶疏》共同奠定了泡茶的基础。

泡茶

朱元璋

随着明朝制茶技术的改进，各个茶区出产的名茶品类也日见繁多，宋朝时期闻名天下的散茶寥寥无几，有史料记载的只有数种。但到了明朝，仅黄一正编写的《事物绀珠》一书中收录的名茶就有近百种之多，且绝大多数属于散茶。

明朝的茶叶形式得到了真正的飞跃发展，黑茶、青茶、红茶、

26

花茶等各种茶类相继出现和扩大。青茶即乌龙茶，是明清时期由福建首先制作出来的一种半发酵茶类。红茶最早见之于明朝初期刘基编写的《多能鄙事》一书。随着茶叶贸易的发展，到清朝时，红茶从福建很快传播到云南、四川、湖南、湖北、江西、浙江、安徽等省。此外，在各地茶区，还出现了功夫小种、紫毫、白毫、漳芽、选芽、清香和兰香等许多名优茶品，极大地丰富了茶叶的种类，推动了茶业的发展。

明朝的泡茶法更普遍的是用壶冲泡，即先置茶于茶壶中冲泡，然后再分到茶杯中饮用。据古代茶书的记载，壶泡制法有一套完整的程序，主要包括备器、择水、取火、候汤、投茶、冲泡、酾茶、品茶等。泡茶之道孕育于元末明初时期，正式形成于明朝后期，到清中期之前发展到鼎盛阶段。至今流传于福建、两广、台湾等地区的"工夫茶"即是以明清的壶泡制法为基础发展起来的。

明朝的品茗方式有了更新的发展，主要表现在对饮茶的艺术追求：明朝开始，人们在品茶时已经开始刻意地对自然美与环境美提出了明确的要求。其中的环境美包括品茗的人和外部环境。名人对饮茶人数有"一人得神，二人得趣，三人得味，七八人是名施茶"之说；而环境则追求在幽静的山林、广阔的田野、溪畔、泉边，与鸟鸣、松涛、清风为伴。

明代不少文人雅士留有传世之作，如唐伯虎的《烹茶画卷》、《品茶图》，文徵明的《惠山茶会记》、《陆羽烹茶图》、《品茶图》等。茶类的增多，泡茶的技艺有别，茶具的款式、质地、花纹千姿百态。晚明时期，文士们对品饮之境又有了新的突破，讲究"至精至美"之境。

1.2.5　清代——品茶时代

清代随着经济的发展，茶业也有长足的进步，饮茶风气进一步从文人雅士刻意追求、创造和欣赏的小圈里走出来，真正踏进寻常巷陌，走入千家万户，成为社会普遍的需求。至清代，煎水烹茶发展到一个新阶段，其集大成和最具特色者，是流行于闽、粤一带的工夫茶。

清代工夫茶"烹治之法本诸陆羽《茶经》，而器具更精"。最基本的茶具组合为潮汕洪炉(茶炉)、玉书碨(煎水壶)、孟臣罐(茶壶)、若琛瓯(茶盏)。《清稗类钞》记载了清代工夫茶的烹治过程："先将泉水贮之铛，用细炭煎至初沸，投茶于壶而冲之，盖定，复遍浇其上，然后斟而细呷之。"以茶"饷客"时，"先取凉水漂去茶叶尘滓，乃撮茶叶置之壶，注满沸水"。盖好后，再取煎好的沸水，"徐淋壶上"，壶在盘中，俟水将满盘为止。随后在壶上"覆以巾"，"久之，始去巾"，主人再"注茶杯中"，以为奉客。"客必衔杯玩味"，拿起茶杯，由远及近，由近再远，先闻其香，然后细细品味，并盛赞主人烹治技艺。如果客人"若饮稍急"，主人就会"怒其不韵也"(《邱子明嗜工夫茶》)。在款式繁多的清代茶具中，首见于康熙年间的盖碗开了一代先河，延续至今，未有间断。盖碗又称(焗)盅，由盖、碗、托三位一体组合而成。盖利于保洁和保温，且易凝聚茶香；碗敞口利于注水，敛腹利于茶叶沉积，且易泡出茶汁；托既利于防止茶水溢出，又利于隔热。品茶时，一手把碗，一手持盖，一边以盖拨开漂浮于水面的茶叶，一边细品香茗，给人以稳重大方、从容不迫的感觉。使用盖碗又可以代替茶壶泡茶，可谓当时饮茶器具的一大改进。清秀淡雅的青花花卉纹盖杯、高贵雅洁的铜胎珐琅彩描金云蝠纹盖杯、玲珑秀巧的粉彩花卉纹盖杯，均可见清代茶具的风范。震钧所撰《天咫偶闻》一书卷八的《茶说》，虽是一家之言，即既有理论，又有实践经验，同时颇有系统。全文1800多字，前有导语，后分五节：一是"择器"，论烹茶与饮茶的器具；二是"择茶"，论茶的品第及贮藏方法；三是"择水"，谈煎茶用水的鉴别；四是"煎法"，主张唐代的煎茶法，对煎水记述得尤为详尽；五是"饮法"，讲品饮之雅趣。《茶说》是清代最后、最系统的品茶之作。

中国人之所以把品茗看成艺术，就在于在烹点、礼节、环境等各处无不讲究协调，不同的饮茶方法和环境、地点都要有和谐的美学意境。所以，问题并不在于是否都有幽雅的茶室或清风明月。"俗饮"未必俗，故作风雅未必雅。中国各阶层人都有自己的茶艺，各种茶艺都要适合自己特定的生活环境和精神气质。这样，才能真正体会茶的作用。因此，评定茶艺高下很难一概而论，只有从相关的人事、景物、气氛及茶艺手法中综合理解，方能得中国茶道中的艺术真谛。

茶室四宝

盖碗

1.3 饮茶与保健

按制作原理，中国茶叶分为六大类，即绿茶、黄茶、白茶、乌龙茶(青茶)、红茶、黑茶。后来又有一些再加工的茶，如花茶等，是在六大类的基础上发展起来的。各种茶叶中的有效成分不同，功效也有所不同。

1.3.1 绿茶与保健

绿茶在我国被誉为"国饮"。现代科学大量研究证实，茶叶确实含有与人体健康密切相关的成分，不仅具有提神清心、清热解暑、消食化痰、去腻减肥、清心除烦、解毒醒酒、生津止渴、降火明目、止痢除湿等药理作用，还对现代疾病，如辐射病、心脑血管病、癌症等有一定的药理功效。茶叶具有药理作用的主要成分是茶多酚、咖啡碱、脂多糖、茶氨酸等。绿茶的具体作用如下：

(1) 抗衰老。绿茶有助于延缓衰老。茶多酚具有很强的抗氧化性和生理活性，是人体自由基的清除剂。研究证明1毫克茶多酚清除对人肌体有害的过量自由基的效能相当于 9 微克超氧化物歧化酶，大大高于其他同类物质。茶多酚有阻断脂质过氧化反应，清除活性酶的作用。

(2) 抑疾病。绿茶有助于抑制心血管疾病。茶多酚对人体脂肪代谢有重要作用。人体的胆固醇、三酸甘油脂等含量高，血管内壁脂肪沉积，血管平滑肌细胞增生后形成动脉粥样化斑块等心血管疾病。茶多酚，尤其是茶多酚中的儿茶素 ECG 和 EGC 及其氧化产物茶黄素等，有助于使这种斑状增生受到抑制，使形成血凝黏度增强的纤维蛋白原降低，凝血变清，从而抑制动脉粥样硬化。

(3) 抗致癌。绿茶有助于预防和抗癌。茶多酚可以阻断亚硝酸铵等多种致癌物质在体内合成，并具有直接杀伤癌细胞和提高肌体免疫能力的功效。据有关资料显示，茶叶中的茶多酚，对胃癌、肠癌等多种癌症的预防和辅助治疗均有裨益。

(4) 抗病毒菌。茶多酚有较强的收敛作用，对病原菌、病毒有明显的抑制和杀灭作用，对消炎、止泻有明显效果。我国有不少医疗单位应用茶叶制剂治疗急性和慢性痢疾、阿米巴痢疾、流感，治愈率达 90% 左右。

(5) 美容护肤。茶多酚是水溶性物质，用它洗脸能清除面部的油腻，收敛毛孔，具有消毒、灭菌、抗皮肤老化，减少日光中的紫外线辐射对皮肤的损伤等功效。

(6) 醒脑提神。茶叶中的咖啡碱能促使人体中枢神经兴奋，增强大脑皮层的兴奋过程，起到提神益思、清心的效果。对于缓解偏头痛也有一定的功效。

(7) 利尿解乏。茶叶有助于利尿解乏，茶叶中的咖啡碱可刺激肾脏，促使尿液迅速排出体外，提高肾脏的滤出率，减少有害物质在肾脏中的滞留时间。咖啡碱还可排除尿液中的过量乳酸，有助于使人体尽快消除疲劳。

(8) 缓解疲劳。绿茶中含强效的抗氧化剂以及维生素 C，不但可以清除体内的自由基，还有助于分泌对抗紧张压力的荷尔蒙。绿茶中所含的少量咖啡因可以刺激中枢神经、振奋精神。上午饮用绿茶比较好，且不会影响睡眠质量。

(9) 护齿明目。绿茶有助于护齿明目。茶叶中的含氟量较高，每100 克干茶中的含氟量为 10～15 毫克，且 80% 为水溶性成分。若每人每天饮茶叶 10 克，则可吸收水溶性氟 1～1.5 毫克；而且茶叶是碱性饮料，可抑制人体钙质的减少，这对预防龋齿、护齿、坚齿都是有益的。在小学生中进行"饮后茶疗漱口"试验，龋齿率可降低 80%。在白内障患者中，有饮茶习惯的占 28.6%，无饮茶习惯的则占 71.4 %。这是因为茶叶中的维生素 C 等成分，能降低眼睛晶体混浊度，经常饮茶，对减少眼疾、护眼明目均有积极的作用。

(10) 降脂。绿茶有助于降脂助消化。唐代《本草拾遗》中对茶的功效有"久食令人瘦"的记载。我国边疆少数民族有"不可一日无茶"之说。因为茶叶有助消化和降低脂肪的重要功效，用当今时尚语言说，就是有助于"减肥"。这是由于茶叶中的咖啡碱能提高胃液的分泌量，可以帮助消化。另外，绿茶中含有丰富的儿茶素，有助于减少腹部脂肪。

品饮绿茶时应注意以下几点：

(1) 不喝头遍茶，因为茶叶在栽培与加工过程中受到农药等有害物的污染，茶叶表面总有一定的残留。

(2) 不空腹喝茶，因为空腹喝茶可稀释胃液，降低消化功能，致使茶叶中的不良成分大量入血，引发头晕、心慌、四肢举动无力等症状。

(3) 少喝新茶，因为新茶存放时间短，含有较多未经氧化的多酚类、醛类及醇类等物质，对人的胃肠黏膜有较强的刺激作用，易诱发胃病。存放不足半个月的新茶更应忌喝。

(4) 胃寒的人不宜过多饮茶，过量会引起肠胃不适。神经衰弱者和失眠症者临睡前不宜饮茶，正在哺乳的妇女也要少饮茶，茶对乳汁有收敛作用。

(5) 忌用绿茶服药。绿茶中的鞣酸会与很多药物结合产生沉淀，阻碍吸收，影响药效。

(6) 在绿茶中起护肤美容功效的，主要是其中一种称为茶多酚的物质，这种物质具有抗氧化效果，与维生素 B、E 等配合，能起到补充水分紧实肌肤等作用。但要注意的是，茶多酚作为酚类物质或其衍生物的总称，在空气中很容易挥发，而丧失其抗氧化作用，所以此类护肤品，尤其是面膜，以当年的新茶制品为最好。

(7) 在经期最好不要多饮茶。因为绿茶中含有较多的鞣酸，会与食物中的铁分子结合，形成大量沉淀物，妨碍肠道黏膜对铁分子的吸收。绿茶越浓，对铁吸收的阻碍作用就越大，特别是餐后饮茶更为明显。因此，女性及患有贫血的人，即使在平时，也最好少喝浓茶。

1.3.2　黄茶与保健

黄茶可以提神醒脑、消除疲劳、消食化滞等，对脾胃最有好处。消化不良，食欲不振、懒动肥胖者都可饮用黄茶。黄茶具有以下功效：

(1) 黄茶是沤茶，在沤的过程中，会产生大量的消化酶，对脾胃最有好处。

(2) 纳米黄茶能更好地发挥黄茶原茶的功能，能穿入脂肪细胞，使脂肪细胞在消化酶的作用下恢复代谢功能，将脂肪化除。

(3) 黄茶茶根可用来按摩二扇门(无名指本节处)能使微量元素透入穴位，增强穴位磁场产生调节作用，增加脂肪代谢。

(4) 黄茶中富含茶多酚、氨基酸、可溶糖、维生素等丰富营养物质，对防治食道癌有明显功效。

(5) 此外，黄茶鲜叶中天然物质保留有 85% 以上，而这些物质对防癌、抗癌、杀菌、消炎均有特殊效果，为其他茶叶所不及。

1.3.3　白茶与保健

白茶的药效性能很好，具有解酒醒酒、清热润肺、平肝益血、消炎解毒、降压减脂、消除疲劳等功效，尤其针对烟酒过度、油腻过多、肝火过旺引起的身体不适、消化功能障碍等症，具有独特、灵妙的保健作用。

(1) 治麻疹。白茶可防癌、抗癌、防暑、解毒、治牙痛，尤其是陈年的白茶可用作患麻疹的幼儿的退烧药，其退烧效果比抗生素更好，在中国华北及福建产地被广泛视为治疗、养护麻疹患者的良药。清代名人周亮工在《闽小记》中记载："白毫银针，产太姥山鸿雪洞，其性寒，功同犀角，是治麻疹之圣药。"

（2）促进血糖平衡。白茶中除了含有其他茶叶固有的营养成分外，还含有人体所必需的活性酶，长期饮用白茶可以显著提高体内脂酶活性，促进脂肪分解代谢，有效控制胰岛素分泌量，延缓葡萄粉的肠吸收，分解体内血液多余的糖分，促进血糖平衡。

（3）明目。白茶存放时间越长，其药用价值越高。白茶中含有的丰富的维生素A原，被人体吸收后，能迅速转化为维生素A，维生素A能合成视紫红质，能使眼睛在暗光下看东西更清楚，可预防夜盲症与干眼病。同时白茶还有防辐射物质，对人体的造血机能有显著的保护作用，能减少电视辐射的危害。

（4）保肝护肝。白茶片富含的二氢杨梅素等黄酮类天然物质可以保护肝脏，加速乙醇代谢产物乙醛迅速分解，变成无毒物质，降低对肝细胞的损害。此外，二氢杨梅素能够改善肝细胞损伤引起的血清乳酸脱氢酶活力增加，抑制肝性M细胞胶原纤维的形成，从而起到保肝护肝的作用，大幅度降低乙醇对肝脏的损伤，使肝脏正常状态迅速得到恢复。同时，二氢杨梅素起效迅速，并且作用持久，是保肝护肝、解酒醒酒的良品。

1.3.4　乌龙茶(青茶)与保健

乌龙茶(青茶)中含有机化学成分达四百五十多种，无机矿物元素达四十多种。茶叶中的有机化学成分和无机矿物元素含有许多营养成分和药效成分。有机化学成分主要有：茶多酚类、植物碱、蛋白质、氨基酸、维生素、果胶素、有机酸、脂多糖、糖类、酶类、色素等。无机矿物元素主要有：钾、钙、镁、钴、铁、锰、铝、钠、锌、铜、氮、磷、氟等。

乌龙茶(青茶)具有以下保健功能：

（1）改善听力。乌龙茶(青茶)具有养颜、排毒、利便、抗化活性，消除细胞中的活性氧分子等功效。中老年人经常喝乌龙茶(青茶)有助于保持听力。虽然喝乌龙茶(青茶)对听力有保健作用，但也不能饮用过量。一天喝茶的量以1～2杯为宜。

（2）减肥功效。乌龙茶(青茶)具有溶解脂肪的减肥效果。因为茶中的主成分——单宁酸，与脂肪的代谢有密切的关系。乌龙茶(青茶)可以降低血液中的胆固醇含量。

乌龙茶(青茶)同红茶及绿茶相比，除了能够刺激胰脏脂肪分解酵素的活性，减少糖类和脂肪类食物被吸收以外，还能够加速身体的产热量增加，促进脂肪燃烧，减少腹部脂肪的堆积。

(3) 药疗价值。乌龙茶(青茶)作为中国特种名茶，除了具有提神益思、消除疲劳、生津利尿、解热防暑、杀菌消炎、祛寒解酒、解毒防病、消食去腻、减肥健美等保健功能外，还突出表现在防癌症、降血脂、抗衰老等特殊功效。

① 防癌症。实验证明，乌龙茶(青茶)可阻断致癌物质的体内内源性的形成，起到防癌作用。

② 降血脂。乌龙茶(青茶)有防止和减轻血中脂质在主动脉中粥样硬化的作用。饮用乌龙茶(青茶)还可以降低血液黏稠度，防止红细胞集聚，改善血液高凝状态，增加血液流动性，改善微循环。通过体外血栓形成试验，表明乌龙茶(青茶)有抑制血栓形成的作用。

③ 抗衰老。乌龙茶(青茶)和维生素E一样有抗衰老功效。在每日内服足量维生素 C 的情况下，饮用乌龙茶(青茶)可以使血中维生素C含量保持较高水平，尿中维生素C排出量减少，而维生素C具有抗衰老作用。因此，饮用乌龙茶(青茶)可以从多方面增强人体抗衰老能力。

品饮乌龙茶(青茶)不仅对人体健康有益，还可增添无穷乐趣，但有以下三忌：

一是空腹不饮，否则感到饥肠辘辘，头晕欲吐，人们称之为"茶醉"。

二是睡前不饮，否则难以入睡。

三是冷茶不饮，冷后性寒，对胃不利。

这三忌对初饮乌龙茶(青茶)的人尤为重要，因为乌龙茶(青茶)所含茶多酚及咖啡碱较其他茶多。

1.3.5　红茶与保健

红茶富含胡萝卜素、维生素A、钙、磷、镁、钾、咖啡碱、异亮氨酸、亮氨酸、赖氨酸、谷氨酸、丙氨酸、天门冬氨酸等多种营养元素。红茶在发酵过程中多酚类物质的化学反应使鲜叶中的化学成分变化较大，会产生茶黄素、茶红素等成分，其香气比鲜叶明显增加，形成红茶特有的色、香、味。

红茶可以帮助胃肠消化，促进食欲，可利尿、消除水肿，并强壮心脏功能。红茶中富含的黄酮类化合物能消除自由基，具有抗酸化作用，降低心肌梗塞的发病率。

红茶能辅助血糖调节，但仍无确切的定论。在冬天胃容易不舒服，或冰瓜果吃太多感到不适的人，可以红茶酌加黑糖、生姜片，趁温热慢慢饮用，有养胃功效，身体会比较舒服，但不建议喝冰红茶。

(1) 提神消疲。红茶中的咖啡碱藉由刺激大脑皮质来兴奋神经中枢，促成提神、思考力集中，进而使思维反应更加敏锐，记忆力增强；它也对血管系统和心脏具兴奋作用，强化心搏，从而加快血液循环以利新陈代谢，同时又促进发汗和利尿，由此双管齐下加速排泄乳酸(使肌肉感觉疲劳的物质)及其他体内老废物质，达到消除疲劳的效果。

(2) 生津清热。夏天饮红茶能止渴消暑，是因为茶中的多酚类、醣类、氨基酸、果胶等与口涎产生化学反应，且刺激唾液分泌，导致口腔觉得滋润，并且产生清凉感；同时咖啡碱控制下视丘的体温中枢，调节体温，它也刺激肾脏以促进热量和污物的排泄，维持体内的生理平衡。

(3) 利尿。在红茶中的咖啡碱和芳香物质联合作用下，增加肾脏的血流量，提高肾小球过滤率，扩张肾微血管，并抑制肾小管对水的再吸收，于是促成尿量增加。如此有利于排除体内的乳酸、尿酸(与痛风有关)、过多的盐分(与高血压有关)、有害物质等，以及缓和心脏病或肾炎造成的水肿。

(4) 消炎杀菌。红茶中的多酚类化合物具有消炎的效果，再经由实验发现，儿茶素类能与单细胞的细菌结合，使蛋白质凝固沉淀，藉此抑制和消灭病原菌。所以细菌性痢疾及食物中毒患者喝红茶颇有益，民间也常用浓茶涂伤口、褥疮和香港脚。

(5) 解毒。红茶中的茶多碱能吸附重金属和生物碱，并沉淀分解，这对饮水和食品受到工业污染的现代人而言，不啻是一项福音。

(6) 强壮骨骼。红茶中的多酚类(绿茶中也有)有抑制破坏骨细胞物质的活力。为了防治女性常见的骨质疏松症，建议每天服用一小杯红茶，坚持数年效果明显。如在红茶中加上柠檬，强壮骨骼，效果更强，在红茶中也可加上各种水果同饮。

(7) 抗衰老。红茶中的抗氧化剂可以彻底破坏癌细胞中化学物质的传播路径，抗衰老效果强于大蒜头、西兰花和胡萝卜等。

(8) 养胃护胃。红茶是经过发酵烘制而成的，喝红茶能够养胃。经常饮用加糖、加牛奶的红茶，能消炎、保护胃黏膜，对治疗溃疡也有一定效果。

(9) 舒张血管。研究发现，心脏病患者每天喝 4 杯红茶，血管舒张度可以从 6% 增加到10%。

品饮红茶时应注意以下几点：

(1) 结石病人和患肿瘤的人，应少饮红茶。

(2) 有贫血、精神衰弱失眠的人应少饮红茶。

(3) 平时情绪容易激动或比较敏感、睡眠状况欠佳和身体较弱的人应少饮红茶。

(4) 胃热的人应少饮红茶，因为红茶是温性茶，一般起暖胃的作用。

(5) 舌胎厚者、口臭者、易生痘者、双目赤红的人应少饮红茶。红茶属于"热性"，怕上火的人不宜喝红茶。

(6) 正在服药的人忌饮红茶，因为红茶会破坏药效。

(7) 经期的女性应少饮红茶，因为经期会大量消耗体内铁质，红茶中的鞣酸会妨碍人体对食物中铁的吸收。

(8) 孕期女性应少饮红茶，因为红茶中的咖啡碱会增加孕妇心、肾的负荷，造成孕妇的不适。

(9) 哺乳期女性应少饮红茶，因为红茶中的鞣酸影响乳腺的血液循环，会抑制乳汁的分泌，影响哺乳质量。

1.3.6　黑茶与保健

黑茶在原料选用、加工工艺(发酵发花)等方面有别于其他茶，从而导致黑茶的生化成分的组成和比例及由此而产生的药理功能具有特殊性。经过渥堆过程微生物的参与所形成的茶，因其内含成分与红、绿茶有极大差异，所表现的功能也不同。黑茶在降血脂、降血压、降糖、减肥、预防心血管疾病、抗癌等方面具有显著功效。

(1) 膳食营养。黑茶中含有较丰富的营养成份，最主要的是维生素和矿物质，另外还有蛋白质、氨基酸、糖类物质等。对主食牛、羊肉和奶酪，饮食中缺少蔬菜和水果的西北地区的居民而言，黑茶是必需矿物质和各种维生素的重要来源，有生命之茶之说。

(2) 助消化解油。黑茶中的咖啡碱、维生素、氨基酸、磷脂等有助于人体消化，调节脂肪代谢，咖啡碱的刺激作用更能提高胃液的分泌量，从而增进食欲，帮助消化。黑茶具有很强的解油腻、消食等功能，这也是肉食民族特别喜欢这种茶的原因。另外，黑茶还能改善肠道微生物环境，具有顺肠胃的功能。中国民间有利用老黑茶治疗腹胀、痢疾、不消食的传统。

(3) 降脂减肥。血脂含量高，会使得脂质在血管壁上沉积，因而引起动脉粥状硬化和形成血栓。黑茶具有良好的降解脂肪、抗血凝、促纤维蛋白原溶解和显著抑制血小板聚集的作用，还能使血管壁松弛，增加血管有效直径，从而抑制主动脉及冠状动脉内壁粥样硬化斑块的形成，达到降压、软化血管、防治心血管疾病的目的。黑茶中含量丰富的茶多糖具有降低血脂和血液中过氧化物活性的作用。长期饮用黑茶的人，血脂含量和血中过氧化物活性会明显下降。

(4) 抗氧化。有关衰老的自由基理论认为，在正常生理条件下，人体内的自由基不断产生，也不断被清除，处于平衡状态。黑茶中不仅含有丰富的抗氧化物质如儿茶素类、茶色素、黄酮类、维生素C、维生素 E、β—胡萝卜素等，而且含有大量的具抗氧化作用的微量元素如锌、锰、铜(SOD的构成元素)和硒(GSHPX 的构成元素)等。黑茶中的儿茶素、茶黄素、茶氨酸和茶多糖，尤其是含量较多的复杂类黄酮等都具有清除自由基的功能，因而具有抗氧化、延缓细胞衰老的作用。

(5) 抗癌。茶叶或茶叶提取物对多种癌症的发生具有抑制作用，黑茶对肿瘤细胞具有明显的抑制作用。

(6) 降血压。长期喝黑茶可以达到降压效果。

(7) 降血糖。黑茶中的茶多糖复合物是降血糖的主要成分。黑茶的茶多糖含量最高，且其组分活性也比其它茶类要强，这是因为在发酵茶中，由于糖苷酶、蛋白酶、水解酶的作用，而形成了相对长度较短的糖链和肽链的缘故，短肽链较长肽链更易被吸收，且生物活性更强，这可能就是发酵茶，尤其是黑茶茶多糖降血糖效果优于其他茶类的原因之一。

(8) 杀菌消炎。黑茶汤色的主要组成成分是茶黄素和茶红素。研究表明，茶黄素不仅是一种有效的自由基清除剂和抗氧化剂，还对肉毒芽杆菌、肠类杆菌、金黄色葡萄球菌、荚膜杆菌、蜡样芽孢杆菌有明显的抗菌作用。此外，茶黄素对流感病毒的侵袭及轮状病毒和肠病毒的感染有一定的抑制作用。

(9) 利尿解毒。黑茶中咖啡碱的利尿功能是通过肾促进尿液中水的滤出率来实现的。同时，咖啡碱对膀胱的刺激作用既能协助利尿，又有助于醒酒，解除酒毒。同时，黑茶中的茶多酚不但能使烟草的尼古丁发生沉淀，随小便排出体外，而且还能清除烟气中的自由基，降低烟气对人体的毒害作用。对于重金属毒物，茶多酚有很强的吸附作用，因而多饮茶还可缓解重金属的毒害作用。

此外，黑茶在日常生活中还具有以下作用：

(1) 黑茶对治疗习惯性便秘有一定的效果。春季来临，是肠胃病易发时节，热饮黑茶，特别是陈年黑茶对治疗慢性肠炎有较好的效果。同时，饮用黑茶可消除腹胀，有治消化不良之妙用。

(2) 黑茶洗头可止痒护发。黑茶中含有丰富的蛋白质、茶多酚、茶多糖、维生素和矿物质等。其中，蛋白质、茶多糖、维生素及矿物质等是毛发生长的必需营养成分，茶多酚等物质又具有抗菌、消炎、抗过敏等作用。因此黑茶茶汁是天然的营养护发香波，具有祛屑、止痒、护发的功效，长期使用可使秀发洁净而具有光泽。

(3) 黑茶泡脚能迅速缓解疲劳、除臭抑菌。黑茶中含有丰富的茶多酚、茶多糖及维生素和矿物质等，茶多酚、茶皂素等有抑菌、抗过敏等作用；黑茶中的芳香物质又有除臭、消炎等功效。黑茶具有很强的兼容性，可选择适当的中药(如红花、杜仲等)与之调配，制成药茶足浴液，作用于足底经络，达到全身调节的目的。

(4) 黑茶宜热饮，适当地饮用热茶，对消暑解渴、清热凉身更为有利。因为饮热茶后能扩张血管，促进汗腺分泌，使排汗畅快。大量汗液通过皮肤表面的毛孔渗出体外而挥发，会带走大量体热，能降低体表温度 2～3℃。

1.4　健康饮茶时间的选择

茶有着其他饮料所没有的三大功能，即防癌、防心血管病和防辐射危害，所以，饮茶越来越为更多的人所喜爱和重视。不过，茶叶虽好，也要会喝。所谓"会喝"，不仅要懂如何品尝，还要懂得正确的饮茶时机。

1.4.1　根据季节变化饮茶

一年四季皆适宜适量饮茶，从饮茶保健上来说，春夏秋冬各有其适合品饮的重点茶类。不同季节适宜选择不同的茶叶，但并不是说只能选择这一种，可采用1+N的方式搭配饮用，例如春季宜喝化茶，同时也可以喝点别的茶，如绿茶、白茶等，夏季宜喝绿茶，同时也可以喝点红茶、黑茶等，没有绝对的禁忌。

(1) 春宜饮花茶。春季茶疗首先必须柔肝、护肝、疏肝、养血；其次应为度夏作准备，宜健运脾胃。阳春三月，大地回春，万物复苏，人体和大自然一样，处于舒发之际，此时宜喝茉莉、桂花等花茶。气味芬芳的花茶，可以振奋精神，散发体内郁积之寒气，促进人体阳气之生发。花茶香气浓烈，香而不浮，爽而不浊，令人精神振奋，消除春困，提高人体机能效率。此外，可选用红茶以解酒宴之油腻，以帮助消化，也可酌量品用上好的新茶以收涤烦去毒、清利肝胆之效。

(2) 夏宜饮绿茶。夏季是喝绿茶的季节。绿茶性寒苦，其营养作

39

用在诸茶中是最佳的，夏天饮用最为合适。夏天骄阳高温，溽暑蒸人，出汗多，人体内津液消耗大，此时宜饮龙井、碧螺春、云雾茶等绿茶。绿茶味略苦性寒，具有消热、消暑、解毒、去火、降燥、止渴、生津、强心提神的功能。绿茶绿叶绿汤，清鲜爽口，滋味甘香并略带苦寒味，富含维生素、氨基酸、矿物质等营养成分，饮之既有消暑解热之功，又具增添营养之效。部分绿茶还可以直接冷泡饮用，如南岳云雾茶，在炎炎夏季是一种不错的选择。

(3) 秋宜饮乌龙茶(青茶)。秋天天气干燥，燥气当令，常使人口干舌燥，宜喝乌龙、铁观音等乌龙茶(青茶)。乌龙茶(青茶)性适中，青茶介于红、绿茶之间，不寒不热，适合秋天气候，常饮能润肤、益肺、生津、润喉，有效清除体内余热，恢复津液，对金秋保健大有好处。乌龙茶(青茶)汤色金黄，外形肥壮均匀，紧结卷曲，色泽绿润，内质馥郁，其味爽口回甘。

(4) 冬宜饮红茶。冬天天寒地冻，万物蛰伏，寒邪袭人，人体生理功能减退，阳气渐弱，对能量与营养要求较高。中医认为：时届寒冬，万物生机闭藏，人的机体生理活动处于抑制状态。养生之道，贵乎御寒保暖，提高抗病能力，因而冬天喝茶以红茶为上品。红茶甘温，可养人体阳气；红茶含有丰富的蛋白质和糖，生热暖腹，增强人体的抗寒能力，还可助消化，去油腻。红茶性味甘温，含有丰富的蛋白质，冬季饮之，可补益身体，善蓄阳气，生热暖腹，从而增强人体对冬季气候的适应能力。红茶也含有丰富的蛋白质，能够强身补体，红茶干茶呈黑色，泡出后叶红汤红，醇厚干温，可加奶、糖，芳香不改。此外，冬季人们的食欲增进，进食油腻食品增多，饮用红茶还可去油腻、开胃口、助养生，使人体更好地顺应自然环境的变化。

(5) 普洱茶是四季皆宜的饮茶首选。

① 春季饮普洱重养生。春季人体处于舒发之际，可选择有一定自然发酵程度的普洱茶或生熟混拼的普洱茶。这样的茶既有温性又有活性，更利于散发冬天积郁在人体内的寒邪，能促进人体阳气生发，使人精神振奋，消除春困，增强疾病的抵御能力。

② 夏季饮普洱益祛暑。夏季溽暑蒸人，此时宜饮生茶，其味略

苦，茶性偏寒，具有消热、消暑、解毒、去火、降燥、止渴、生津、强心提神的功能，生茶富含茶多酚、咖啡碱、氨基酸、维生素等营养成分，饮之既有消暑解热之功，又具增添营养之效。

③ 秋季饮普洱强身健体。秋季天气干燥，"燥气当令"，常使人口干舌燥，宜喝半生熟发酵程度的普洱茶，也可生茶和熟茶混用，取其两者功效。这样饮用茶性适中，介乎生熟茶之间，不寒不热，很适合秋天气候。

④ 冬季饮普洱保健康。冬季养生重在御寒保暖，提高抗病能力，此时宜喝熟普洱茶，其色褐红，暖意满怀且熟茶性味甘温，善蓄阳气，生热暖腹，能够强身补体，加奶、糖调饮芳香不改，从而增强人体对冬季气候的适应能力。

1.4.2　根据时间早晚饮茶

人们饮茶，有的喜早饮，有的爱晚饮，有的全天都饮。每天的饮茶时间应有所讲究，大致可以分为上午和下午两个时段。早上起床后即饮早茶，可以提神醒脑，但不宜空腹饮太多的浓茶。之后，茶可随时添水，这样到午睡前，茶就很淡了，不致影响午休。下午如再饮茶，最好重沏，使精神焕发，以后边饮边加水，到晚上时就不必再沏，以利安睡。

如果晚上沏茶，注意避免过浓。夜间 8 点以后不适宜过量饮茶，饮茶量以 100 毫升以内为宜。夜间饮茶建议选择全发酵类茶叶，如黑茶、熟普洱茶等茶性柔和的品种，睡前过量饮用绿茶可能会导致兴奋而难以入睡。

1.4.3　健康饮茶注意事项

饮茶时我们要注意以下事项：

(1) 正确对待头遍茶。头遍茶是用来洗茶的，应该倒掉不喝。实验中发现，绿茶冲洗两次其有效成分浸出率为 70% 以上，红茶为 60% 以上。洗茶最多15秒，如果过度洗茶，营养物质就会大量流失。绿茶和白茶可以不洗。

(2) 少喝新茶。从营养角度来讲，新茶叶的营养并不是最好的。新茶是指采摘下来不足一个月的茶叶，这些茶叶因为没有经过一段时间的放置，有些对身体有不良影响的物质，如多酚类物质、醇类物质、醛类物质，还没有被完全氧化，饮后可能会出现腹泻、腹胀，新茶刺激到人的胃黏膜容易诱发胃病等不舒服的反应，所以少喝新茶对身体健康有益。

(3) 少喝浓茶。喝浓茶会使人兴奋性增强，会对神经系统和心脑血管系统造成不良影响。心脑血管疾病患者、失眠患者和低血糖患者要避免饮用浓茶，否则会可能出现心跳过速、心律不齐、失眠等情况。

(4) 饭前不喝茶。餐前和进餐中如果大量饮茶或喝浓茶，会影响钙、铁、锌等营养元素的吸收。在喝牛奶和其他奶类制品时也不要同时饮茶。茶叶中的茶碱和丹宁酸会与奶类制品中的钙元素结合成不溶解于水的钙盐，并排出体外，大大降低奶制品的营养价值。饭后不宜立即饮茶，否则会冲淡胃液，有碍消化，可稍待一段时间后再饮用。

(5) 不喝久泡茶，茶叶泡水时间过长会产生大量的茶碱，可能产生脱钙的作用。

(6) 茶具要干净，尽量除去茶垢，因茶垢中含有有害物质，对身体极为不利。

(7) 禁用霉变的茶叶，平时应注意保管好茶叶，不能受潮，不能与有异味的物品存放一起。

(8) 成年人饮茶用量每天建议 12 克，分 3~4 次冲泡是适宜的。吃油腻食物较多、烟酒量大的人可适当增加茶叶用量。孕妇和儿童、神经衰弱者、心动过速者，饮茶量应适当减少。

(9) 饮茶最佳的入口温度应该是 60℃ 左右，不要超过 70℃。喝烫茶会增加食道癌等癌症的发病率。

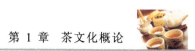

第2章　中国茶文学

2.1　陆羽和《茶经》

　　陆羽，名疾，字鸿渐、季疵，号桑苎翁、竟陵子，唐代复州竟陵人(今湖北天门)，733 年出生，幼年托身佛寺，自幼好学用功，学问渊博，诗文亦佳，且为人清高，淡泊功名，一度招拜为太子太学、太常寺太祝而不就。760 年为避安史之乱，陆羽隐居浙江苕溪(今湖州)，其间在亲自调查和实践的基础上，认真总结、悉心研究了前人和当时茶叶的生产经验，完成创始之作《茶经》，因此被尊为"茶圣"。

陆羽和《茶经》

　　陆羽 21 岁时决心写《茶经》，为此开始了对茶的游历考察，他一路风尘，饥食干粮，渴饮茶水，经义阳、襄阳，往南漳，直到四川巫山，每到一处，即与当地村老讨论茶事，将各种茶叶制成各种标本，将途中所了解的茶的见闻轶事记下，做了大量的"茶记"。经过十余年，实地考察 32 个州，陆羽最后隐居苕溪(今浙江湖州)，开始对茶的研究著述，历时 5 年写成《茶经》初稿，以后 5 年又增补修订，这才正式定稿。此时陆羽已 47 岁，前后总共历时 26 年，才最终完成这世界上第一部研究茶的巨作《茶经》。

《茶经》共 3 卷 10 篇，约 7000 字。上卷：一之源，考证茶的起源及性状，讲述茶的起源、形状、功用、名称、品质；二之具，谈采茶制茶的用具，如采茶篮、蒸茶灶、焙茶棚等；三之造，论述茶的种类和采制方法。中卷：四之器，叙述煮茶、饮茶的器皿，即24种饮茶用具，如风炉、茶釜、纸囊、木碾、茶碗等。下卷：五之煮，讲烹茶的方法和各地水质的品第；六之饮，记载饮茶风俗和品茶法，即陈述唐代以前的饮茶历史；七之事，叙述古今有关茶的故事、产地和药效等；八之出，列举茶叶产地及所产茶叶的优劣，将唐代全国茶区的分布归纳为山南(荆州之南)、浙南、浙西、剑南、浙东、黔中、江西、岭南等八区；九之略，讲茶器的使用可因条件而异，不必拘泥，分析采茶、制茶用具可依当时环境而省略某些用具；十之图，教人将采茶、加工、饮茶的全过程绘在绢素上，悬于茶室，陈诸座隅，目击而存，使得品茶时可以亲眼领略茶经之始终。

《茶经》是中国乃至世界现存最早、最完整、最全面介绍茶的第一部专著，被誉为"茶叶百科全书"。此书系统地总结了当时的茶叶采制和饮用经验，全面论述了有关茶叶生产的历史、源流、现状、生产技术以及饮茶技艺、茶道原理等各方面的问题，传播了茶业科学知识，促进了茶叶生产的发展，开中国茶道之先河，将普通茶事升格为一种美妙的文化艺能，推动了汉族茶文化的发展。

陆羽声名远扬，朝廷有意留他在京为官，但他陈辞不就，仍周游各地，推广茶艺，影响所及，茶事大盛。唐朝以前，茶的用途多在药用，仅少数地区以茶做饮料。自陆羽后，茶才成为中国民间的主要饮料，茶盛于唐，饮茶之风普及于大江南北，饮茶品茗遂成为中国文化的一个重要组成部分。

《茶 经》

一 之 源

茶者，南方之嘉木也，一尺二尺，乃至数十尺。其巴山峡川有两人合抱者，伐而掇之，其树如瓜芦，叶如栀子，花如白蔷薇，实如栟榈，蒂如丁香，根如胡桃。

其字或从草，或从木，或草木并。其名一曰茶，二曰槚，三曰蔎，四曰茗，五曰荈。

其地，上者生烂石，中者生栎壤，下者生黄土。

凡艺而不实，植而罕茂，法如种瓜，三岁可采。野者上，园者次；阳崖阴林，紫者上，绿者次；笋者上，芽者次；叶卷上，叶舒次。阴山坡谷者，不堪采掇，性凝滞，结瘕疾。

茶之为用，味至寒，为饮最宜。精行俭德之人，若热渴、凝闷、脑疼、目涩、四肢烦、百节不舒，聊四五啜，与醍醐、甘露抗衡也。

采不时，造不精，杂以卉莽，饮之成疾。

茶为累也，亦犹人参。上者生上党，中者生百济、新罗，下者生高丽。有生泽州、易州、幽州、檀州者，为药无效，况非此者，设服荠苨，使六疾不瘳。知人参为累，则茶累尽矣。

二 之 具

籝，一曰篮，一曰笼，一曰筥。以竹织之，受五升，或一斗、二斗、三斗者，茶人负以采茶也。

灶无用<穴友>者，釜用唇口者。

甑，或木或瓦，匪腰而泥，篮以箪之，篾以系之。始其蒸也，入乎箪，既其熟也，出乎箪。釜涸注于甑中，又以谷木枝三亚者制之，散所蒸牙笋并叶，畏流其膏。

杵臼，一曰碓，惟恒用者佳。

规，一曰模，一曰棬。以铁制之，或圆或方或花。

承，一曰台，一曰砧。以石为之，不然以槐、桑木半埋地中，遣无所摇动。

檐，一曰衣。以油绢或雨衫单服败者为之，以檐置承上，又以规置檐上，以造茶也。茶成，举而易之。

芘莉，一曰羸子，一曰筹筤。以二小竹长三赤，躯二赤五寸，柄五寸，以篾织，方眼如圃，人土罗阔二赤，以列茶也。

棨，一曰锥刀，柄以坚木为之，用穿茶也。

扑，一曰鞭。以竹为之，穿茶以解茶也。

焙，凿地深二尺，阔二尺五寸，长一丈，上作短墙，高二尺，泥之。

贯，削竹为之，长二尺五寸，以贯茶焙之。

棚，一曰栈，以木构于焙上，编木两层，高一尺，以焙茶也。茶之半干升下棚，全干升上棚。

穿，江东淮南剖竹为之，巴川峡山纫谷皮为之。江东以一斤为上穿，半斤为中穿，四两五两为小穿。峡中以一百二十斤为上，八十斤为中穿，五十斤为小穿。字旧作钗钏之"钏"，字或作贯串，今则不然。如磨、扇、弹、钻、缝五字，文以平声书之，义以去声呼之，其字以穿名之。

育，以木制之，以竹编之，以纸糊之，中有隔，上有覆，下有床，傍有门，掩一扇，中置一器，贮煻煨火，令煴煴然，江南梅雨时焚之以火。

三 之 造

凡采茶，在二月三月四月之间。茶之笋者生烂石沃土，长四五寸，若薇蕨始抽，凌露采焉。茶之牙者，发于丛薄之上，有三枝四枝五枝者，选其中枝颖拔者采焉，其日有雨不采，晴有云不采。晴采之，蒸之，捣之，拍之，焙之，穿之，封之，茶之干矣。茶有千万状，卤莽而言，如胡人靴者蹙缩然，犎牛臆者廉檐然，浮云出山者轮囷然，轻飚拂水者涵澹然。有如陶家之子罗，膏土以水澄泚之。又如新治地者，遇暴雨流潦之所经，此皆茶之精腴。有如竹箨者，枝干坚实，艰于蒸捣，故其形籭箷然；有如霜荷者，至叶凋，沮易其状貌，故厥状委萃然，此皆茶之瘠老者也。自采至于封七经目，自胡靴至于霜荷八等，或以光黑平正，言嘉者，斯鉴之下也；以皱黄坳垤言佳者；鉴之次也。若皆言嘉及皆言不嘉者，鉴之上也。何者？出膏者光，含膏者皱，宿制者则黑，日成者则黄，蒸压则平正，纵之则坳垤，此茶与草木叶一也，茶之否臧，存于口诀。

四 之 器

风炉：风炉以铜铁铸之，如古鼎形，厚三分，缘阔九分，令六分虚中，致其圬墁，凡三足。古文书二十一字，一足云"坎上巽下离于中"，一足云"体均五行去百疾"，一足云"圣唐灭胡明年铸"。其三足之间设三窗，底一窗，以为通飙漏烬之所，上并古文书六字：一窗之上书"伊公"二字，一窗之上书"羹陆"二字，一窗之上书"氏茶"二字，所谓"伊公羹陆氏茶"也。置墆㙾于其内，设三格：其一格有翟焉，翟者，火禽也，画一卦曰离；其一格有彪焉，彪者，风兽也，画一卦曰巽；其一格有鱼焉，鱼者，水虫也，画一卦曰坎。巽主风，离主火，坎主水。风能兴火，火能熟水，故备其三卦焉。其饰以连葩、垂蔓、曲水、方文之类。其炉或锻铁为之，或运泥为之，其灰承作三足，铁柈台之。

筥：筥以竹织之，高一尺二寸，径阔七寸，或用藤作，木楦，如筥形，织之六出，固眼其底，盖若利箧口铄之。

炭挝：炭挝以铁六棱制之，长一尺，锐一丰，中执细头，系一小展，以饰挝也。若今之河陇军人木吾也，或作锤，或作斧，随其便也。

火筴：火筴一名箸，若常用者圆直一尺三寸，顶平截，无葱台勾锁之属，以铁或熟铜制之。

鍑：鍑以生铁为之，今人有业冶者所谓急铁。其铁以耕刀之趄炼而铸之，内摸土而外摸沙土。滑于内，易其摩涤；沙涩于外，吸其炎焰。方其耳，以正令也；广其缘，以务远也；长其脐，以守中也。脐长则沸中，沸中则末易扬，末易扬则其味淳也。洪州以瓷为之，莱州以石为之，瓷与石皆雅器也，性非坚实，难可持久。用银为之，至洁，但涉于侈丽。雅则雅矣，洁亦洁矣，若用之恒而卒归于银也。

交床：交床以十字交之，剜中令虚，以支鍑也。

夹：夹以小青竹为之，长一尺二寸，令一寸有节，节已上剖之，以炙茶也。彼竹之筱津润于火，假其香洁以益茶味，恐非林谷间莫之致。或用精铁熟铜之类，取其久也。

纸囊：纸囊以剡藤纸白厚者夹缝之，以贮所炙茶，使不泄其香也。

碾：碾以橘木为之，次以梨、桑、桐柘为臼，内圆而外方。内圆备于运行也，外方制其倾危也。内容堕而外无余木，堕形如车轮，不辐而轴焉，长九寸，阔一寸七分，堕径三寸八分，中厚一寸，边厚半寸，轴中方而执圆，其拂末以鸟羽制之。

罗合：罗末以合盖贮之，以则置合中，用巨竹剖而屈之，以纱绢衣之，其合以竹节为之，或屈杉以漆之。高三寸，盖一寸，底二寸，口径四寸。

则：则以海贝蛎蛤之属，或以铜铁竹匕策之类。则者，量也，准也，度也。凡煮水一升，用末方寸匕。若好薄者减之，嗜浓者增之，故云则也。

水方：水方以椆木、槐、楸、梓等合之，其里并外缝漆之，受一斗。

漉水囊：漉水囊若常用者，其格以生铜铸之，以备水湿，无有苔秽腥涩。意以熟铜苔秽、铁腥涩也。林栖谷隐者或用之竹木，木与竹非持久涉远之具，故用之生铜。其囊织青竹以卷之，裁碧缣以缝之，纽翠钿以缀之，又作绿油囊以贮之，圆径五寸，柄一寸五分。

瓢：瓢一曰牺杓，剖瓠为之，或刊木为之。晋舍人杜毓《荈赋》云："酌之以匏。"匏，瓢也，口阔胫薄柄短。永嘉中，馀姚人虞洪入瀑布山采茗，遇一道士云："吾丹丘子，祈子他日瓯牺之余乞相遗也。"牺，木杓也，今常用以梨木为之。

竹箕：竹箕或以桃、柳、蒲、葵木为之，或以柿心木为之，长一尺，银裹两头。

醾簋：醾簋以瓷为之，圆径四寸。若合形，或瓶或罍，贮盐花也。其揭竹制，长四寸一分，阔九分。揭，策也。

熟盂：熟盂以贮熟水，或瓷或沙，受二升。

碗：碗，越州上，鼎州次，婺州次，岳州次，寿州、洪州次。或者以处越州上，殊为不然。若邢瓷类银，越瓷类玉，邢不如越一也；若邢瓷类雪，则越瓷类冰，邢不如越二也；邢瓷白而茶色丹，越瓷青而茶色绿，邢不如越三也。晋·杜毓《荈赋》所谓器择陶拣，出自东瓯。瓯，越也。瓯，越州上口唇不卷，底卷而浅，受半升已下。越州瓷、岳瓷皆青，青则益茶，茶作白红之色。邢州瓷白，茶色红；寿州瓷黄，茶色紫；洪州瓷褐，茶色黑：悉不宜茶。

畚：畚以白蒲卷而编之，可贮碗十枚。或用筥，其纸帕，以剡纸夹缝令方，亦十之也。

札：札缉栟榈皮以茱萸木夹而缚之。或截竹束而管之，若巨笔形。

涤方：涤方以贮涤洗之余，用楸木合之，制如水方，受八升。

滓方：滓方以集诸滓，制如涤方，处五升。

巾：巾以絁为之，长二尺，作二枚，玄用之以洁诸器。

具列：具列或作床，或作架，或纯木纯竹而制之，或木法竹黄黑可扃而漆者，长三尺，阔二尺，高六寸，其到者悉敛诸器物，悉以陈列也。

都篮：都篮以悉设诸器而名之。以竹篾内作三角方眼，外以双篾阔者经之，以单篾纤者缚之，递压双经作方眼，使玲珑。高一尺五寸，底阔一尺，高二寸，长二尺四寸，阔二尺。

五 之 煮

凡灸茶，慎勿于风烬间灸，爆焰如钻，使炎凉不均。持以逼火，屡其翻正，候炮出培塿状，虾蟆背，然后去火五寸，卷而舒则本其始，又炙之。若火干者，以气熟止；日干者，以柔止。其始若茶之至嫩者，茶罢热捣叶烂而牙笋存焉。假以力者，持千钧杵亦不之烂，如漆科珠，壮士接之不能驻其指，及就则似无禳骨也。炙之，则其节若倪，倪如婴儿之臂耳。既而承热用纸囊贮之，精华之气无所散越。候寒末之其火用炭，次用劲薪。其炭曾经燔炙，为膻腻所及，及膏木败器不用之。古人有劳薪之味，信哉！其水，用山水上，江水中，井水下。其山水，拣乳泉石池漫流者上，其瀑涌湍漱勿食之，久食令人有颈疾。又多别流于山谷者，澄浸不泄，自火天至霜郊以前，或潜龙畜毒于其间，饮者可决之以流其恶，使新泉涓涓然酌之。其江水，取去人远者。井取汲多者。其沸如鱼目，微有声为一沸，缘边如涌泉连珠为二沸，腾波鼓浪为三沸，已上水老不可食也。初沸则水合量，调之以盐味，谓弃其啜余，无乃而钟其一味乎？第二沸出水一瓢，以竹筴环激汤心，则量末当中心，而下有顷势若奔涛，溅沫以所出水止之，而育其华也。凡酌置诸碗，令沫饽均。沫饽，汤之华也。华之薄者曰沫，厚者曰饽，细轻者曰花，如枣花漂漂然于环池之上。又如回潭曲渚，青萍之始生；又如晴天爽朗，有浮云鳞然。其沫者，若绿钱浮于水湄，又如菊英堕于鐏俎之中。饽者以滓煮之。及沸则重华累沫，皤皤然若积雪耳。《荈赋》所谓"焕如积雪，烨若春敷"，有之。第一煮水沸，而弃其沫之上，有水膜如黑云母，饮之则其味不正。其第一者为隽永，或留熟以贮之，以备育华救沸之用。诸第一与第二第三碗，次之第四第五碗，外非渴甚莫之饮。凡煮水一升，酌分五碗，乘热连饮之，以凝其下，精英浮其上。如冷则精英随气而竭，饮啜不消亦然矣。茶性俭，不宜广，则其味黯澹，且如一满碗，啜半而味寡，况其广乎！其色缃也，其馨也。其味甘槚也；不甘而苦，荈也；啜苦咽甘，茶也。

六 之 饮

翼而飞，毛而走，呿而言，此三者俱生于天地间。饮啄以活，饮之时，义远矣哉。至若救渴，饮之以浆；蠲忧忿，饮之以酒；荡昏寐，饮之以茶。茶之为饮，发乎神农氏，间于鲁周公，齐有晏婴，汉有扬雄、司马相如，吴有韦曜，晋有刘琨、张载、远祖纳、谢安、左思之徒，皆饮焉。滂时浸俗，盛于国朝，两都并荆俞间，以为比屋之饮。饮有粗茶、散茶、末茶、饼茶者，乃斫，乃熬，乃炀，乃舂，贮于瓶缶之中，以汤沃焉，谓之茶。或用葱、姜、枣、橘皮、茱萸、薄荷之等，煮之百沸，或扬令滑，或煮去沫，斯沟渠间弃水耳，而习俗不已。于戏！天育万物皆有至妙，人之所工，但猎浅易。所庇者屋屋精极，所着者衣衣精极，所饱者饮食，食与酒皆精极之。茶有九难：一曰造，二曰别，三曰器，四曰火，五曰水，六曰炙，七曰末，八曰煮，九曰饮。阴采夜焙非造也，嚼味嗅香非别也，膻鼎腥瓯非器也，膏薪庖炭非火也，飞湍壅潦非水也，外熟内生非炙也，碧粉缥尘非末也，操艰搅遽非煮也，夏兴冬废非饮也。夫珍鲜馥烈者，其碗数三；次之者，碗数五。若坐客数至，五行三碗，至七行五碗。若六人已下，不约碗数，但阙一人而已，其隽永补所阙人。

七 之 事

三皇：炎帝神农氏。

周：鲁周公旦，齐相晏婴。

汉：仙人丹丘子，黄山君，司马文园令相如，杨执戟雄。

吴：归命侯，韦太傅弘嗣。

晋：惠帝，刘司空琨，琨兄子兖州刺史演，张黄门孟阳，傅司隶咸，江洗马充，孙参军楚，左记室太冲，陆吴兴纳，纳兄子会稽内史俶，谢冠军安石，郭弘农璞，桓扬州温，杜舍人毓，武康小山寺释法瑶，沛国夏侯恺，馀姚虞洪，北地傅巽，丹阳弘君举，乐安任育长，宣城秦精，敦煌单道开，剡县陈务妻，广陵老姥，河内山谦之。

后魏：琅琊王肃。

宋：新安王子鸾，鸾弟豫章王子尚，鲍昭妹令晖，八公山沙门谭济。

齐：世祖武帝。

梁：刘廷尉，陶先生弘景。

皇朝：徐英公绩。

《神农·食经》："茶茗久服，令人有力、悦志。"

周公《尔雅》："槚，苦茶。"

《广雅》云："荆巴间采叶作饼，叶老者饼成，以米膏出之，欲煮茗饮，先炙，令赤色，捣末置瓷器中，以汤浇覆之，用葱、姜、橘子芼之，其饮醒酒，令人不眠。"

《晏子春秋》："婴相齐景公时，食脱粟之饭，炙三戈五卯茗菜而已。"

司马相如《凡将篇》："乌啄桔梗芫华，款冬贝母木蘗蒌，芩草芍药桂漏芦，蜚廉雚菌荈诧，白敛白芷菖蒲，芒消莞椒茱萸。"

《方言》："蜀西南人谓茶曰蔎。"

《吴志·韦曜传》："孙皓每飨宴坐席，无不率以七胜为限。虽不尽入口，皆浇灌取尽，曜饮酒不过二升，皓初礼异，密赐茶荈以代酒。"

《晋中兴书》："陆纳为吴兴太守，时卫将军谢安常欲诣纳，纳兄子俶怪纳，无所备，不敢问之，乃私蓄十数人馔。安既至，所设唯茶果而已。俶遂陈盛馔珍羞必具，及安去，纳杖俶四十，云：'汝既不能光益叔父，奈何秽吾素业？'"

《晋书》："桓温为扬州牧，性俭，每燕饮，唯下七奠，拌茶果而已。"

《搜神记》："夏侯恺因疾死，宗人字苟奴，察见鬼神，见恺来收马，并病其妻，着平上帻单衣入，坐生时西壁大床，就人觅茶饮。"

刘琨《与兄子南兖州刺史演书》云："前得安州干姜一斤、桂一斤、黄芩一斤，皆所须也，吾体中溃闷，常仰真茶，汝可置之。"

傅咸《司隶教》曰："闻南方有以困蜀妪作茶粥卖，为帘事打破其器具。又卖饼于市，而禁茶粥以蜀姥何哉！"

《神异记》："馀姚人虞洪入山采茗，遇一道士牵三青牛，引洪至瀑布山曰：'予丹丘子也。闻子善具饮，常思见惠。山中有大茗可以相给，祈子他日有瓯牺之余，乞相遗也。'因立奠祀。后常令家人入山，获大茗焉。"

左思《娇女诗》："吾家有娇女，皎皎颇白皙。小字为纨素，口齿自清历。有姊字惠芳，眉目粲如画。驰骛翔园林，果下皆生摘。贪华风雨中，倏忽数百适。心为茶荈剧，吹嘘对鼎历。"

张孟阳《登成都楼诗》云："借问杨子舍，想见长卿庐。程卓累千金，骄侈拟五侯。门有连骑客，翠带腰吴钩。鼎食随时进，百和妙且殊。披林采秋橘，临江钓春鱼。黑子过龙醢，果馔逾蟹蝑。芳茶冠六情，溢味播九区。人生苟安乐，兹土聊可娱。"

《傅巽七诲》："蒲桃、宛柰、齐柿、燕栗、峘阳黄梨、巫山朱橘、南中茶子、西极石蜜。"

弘君举食檄：寒温既毕，应下霜华之茗，三爵而终，应下诸蔗、木瓜、元李、杨梅、五味橄榄、悬豹、葵羹各一杯。孙楚歌：'茱萸出芳树颠，鲤鱼出洛水泉，白盐出河东，美豉出鲁渊。姜桂茶荈出巴蜀，椒橘、木兰出高山，蓼苏出沟渠，精稗出中田。'"

华佗《食论》："苦茶久食益意思。"

壶居士《食忌》："苦茶久食羽化。与韭同食，令人体重。"郭璞《尔雅注》云："树小似栀子，冬生叶，可煮羹饮，今呼早取为茶，晚取为茗，或一曰荈，蜀人名之苦茶。"

《世说》："任瞻字育长，少时有令名。自过江失志，既下饮，问人云：'此为茶为茗？'觉人有怪色，乃自分明云：'向问饮为热为冷？'"

《续搜神记·晋武帝》："宣城人秦精，常入武昌山采茗，遇一毛人长丈余，引精至山下，示以丛茗而去。俄而复还，乃探怀中橘以遗精，精怖，负茗而归。"

晋四王起事，惠帝蒙尘，还洛阳，黄门以瓦盂盛茶上至尊。

《异苑》："剡县陈务妻少，与二子寡居，好饮茶茗。以宅中有古冢，每饮，辄先祀之。二子患之曰：'古冢何知？徒以劳。'意欲掘去之，母苦禁而止。其夜梦一人云：吾止此冢三百余年，卿二子恒欲见毁，赖相保护，又享吾佳茗，虽潜壤朽骨，岂忘翳桑之报。及晓，于庭中获钱十万，似久埋者，但贯新耳。母告，二子惭之，从是祷馈愈甚。"

《广陵耆老传》："晋元帝时有老姥，每旦独提一器茗，往市鬻之，市人竞买，自旦至夕，其器不减，所得钱散路傍孤贫乞人。人或异之，州法曹絷之狱中，至夜，老姥执所鬻茗器，从狱牗中飞出。"

《艺术传》："敦煌人单道开不畏寒暑，常服小石子。所服药有松桂蜜之气，所余茶苏而已。"释道该说《续名僧传》："宋释法瑶姓杨氏，河东人，永嘉中过江遇沈台真，请真君武康小山寺，年垂悬车，饭所饮茶，永明中敕吴兴礼致上京，年七十九。"

《宋江氏家传》："江统字应迁，愍怀太子洗马，常上疏谏云：'今西园卖醯面蓝子菜茶之属，亏败国体。'"

《宋录》："新安王子鸾、豫章王子尚，诣昙济道人于八公山，道人设茶茗，子尚味之曰：此甘露也，何言茶茗。"

王微《杂诗》："寂寂掩高阁，寥寥空广厦。待君竟不归，收领今就槚。

鲍昭妹令晖著《香茗赋》。

南齐世祖武皇帝遗诏："我灵座上，慎勿以牲为祭，但设饼果、茶饮、干饭、酒脯而已。"

梁刘孝绰、谢晋安王饷米等，启传诏：李孟孙宣教旨，垂赐米、酒、瓜、笋、菹、脯、酢、茗八种，气苾新城，味芳云松。江潭抽节，迈昌荇之珍；疆场擢翘，越茸精之美。羞非纯束野麏，裛似雪之驴；鲊异陶瓶河鲤，操如琼之粲。茗同食粲酢，颜望楫免，千里宿春，省三月种聚。小人怀惠，大懿难忘。陶弘景《杂录》："苦茶轻换膏，昔丹丘子青山君服之。"

《后魏录》："琅琊王肃仕南朝，好茗饮莼羹。及还北地，又好羊肉酪浆，人或问之：茗何如酪？肃曰：茗不堪与酪为奴。"

《桐君录》："西阳武昌庐江昔陵好茗，皆东人作清茗。茗有荈，饮之宜人。凡可饮之物，皆多取其叶，天门冬、拔揳取根，皆益人。又巴东别有真茗茶，煎饮令人不眠。俗中多煮檀叶，并大皂李作茶，并冷。又南方有瓜芦木，亦似茗，至苦涩，取为屑茶，饮亦可通夜不眠。煮盐人但资此饮，而交广最重，客来先设，乃加以香芼辈。

《坤元录》："辰州溆浦县西北三百五十里无射山，云蛮俗当吉庆之时，亲族集会，歌舞于山上，山多茶树。"

《括地图》："临遂县东一百四十里有茶溪。"

山谦之《吴兴记》："乌程县西二十里有温山，出御荈。"

《夷陵图经》："黄牛、荆门、女观望州等山，茶茗出焉。"

《永嘉图经》："永嘉县东三百里有白茶山。"

《淮阴图经》："山阳县南二十里有茶坡。"

《茶陵图经》云："茶陵者，所谓陵谷，生茶茗焉。"

《本草·木部》："茗，苦茶，味甘苦，微寒，无毒，主瘘疮，利小便，去痰渴热，令人少睡。秋采之苦，主下气消食。注云：春采之。"

《本草·菜部》："苦茶，一名茶，一名选，一名游冬。生益州川谷山陵道傍，凌冬不死。三月三日采干。注云：疑此即是今茶，一名茶，令人不眠。本草注。"按《诗》云"谁谓茶苦"，又云"堇茶如饴"，皆苦菜也。陶谓之苦茶，木类，非菜流。茗，春采谓之苦茶。

《枕中方》："疗积年瘘，苦茶、蜈蚣并灸，令香熟，等分捣筛，煮甘草汤洗，以末傅之。"

《孺子方》："疗小儿无故惊蹶，以葱须煮服之。"

八　之　出

山南以峡州上，襄州、荆州次，衡州下，金州、梁州又下。

淮南以光州上，义阳郡、舒州次，寿州下，蕲州、黄州又下。

浙西以湖州上，常州次，宣州、杭州、睦州、歙州下，润州、苏州又下。

剑南以彭州上，绵州、蜀州次，邛州次，雅州、泸州下，眉州、汉州又下。

浙东以越州上，明州、婺州次，台州下。

黔中生恩州、播州、费州、夷州，江南生鄂州、袁州、吉州，岭南生福州、建州、韶州、象州。其恩、播、费、夷、鄂、袁、吉、福、建、泉、韶、象十一州未详。往往得之，其味极佳。

九 之 略

其造具，若方春禁火之时，于野寺山园丛手而掇，乃蒸，乃舂，乃以火干之，则又棨、朴、焙、贯、相、穿、育等七事皆废。其煮器，若松间石上可坐，则具列，废用槁薪鼎枥之属，则风炉、灰承、炭挝、火䇲、交床等废；若瞰泉临涧，则水方、涤方、漉水囊废。若五人已下，茶可末而精者，则罗废；若援藟跻岩，引絙入洞，于山口灸而末之，或纸包合贮，则碾、拂末等废；既瓢碗、䇲、札、熟盂、醘篮悉以一筥盛之，则都篮废。但城邑之中，王公之门，二十四器阙一则茶废矣！

十 之 图

以绢素或四幅或六幅，分布写之，陈诸座隅，则茶之源、之具、之造、之器、之煮、之饮、之事、之出、之略，目击而存，于是《茶经》之始终备焉。

2.2 唐代咏茶诗

走笔谢孟谏议寄新茶
卢 仝

日高丈五睡正浓，军将打门惊周公。口云谏议送书信，白绢斜封三道印。开缄宛见谏议面，手阅月团三百片。闻道新年入山里，蛰虫惊动春风起。天子须尝阳羡茶，百草不敢先开花。仁风暗结珠琲瓃，先春抽出黄金芽。摘鲜焙芳旋封裹，至精至好且不奢。至尊之馀合王公，何事便到山人家。柴门反关无俗客，纱帽笼头自煎吃。碧云引风吹不断，白花浮光凝碗面。一碗喉吻润，两碗破孤闷。三碗搜枯肠，唯有文字五千卷。四碗发轻汗，平生不平事，尽向毛孔散。五碗肌骨清，六碗通仙灵。七碗吃不得也，唯觉两腋习习清风生。蓬莱山，在何处。玉川子，乘此清风欲归去。山上群仙司下土，地位清高隔风雨。安得知百万亿苍生命，堕在巅崖受辛苦!便为谏议问苍生，到头还得苏息否?

一字至七字诗·茶
元　稹

茶，

香叶，嫩芽。

慕诗客，爱僧家。

碾雕白玉，罗织红纱。

铫煎黄蕊色，碗转曲尘花。

夜后邀陪明月，晨前命对朝霞。

洗尽古今人不倦，将知醉后岂堪夸。

茶中杂咏·茶坞
皮日休

闲寻尧氏山，遂入深深坞。种荈已成园，栽葭宁记亩。石洼泉似掬，岩罅云如缕。好是夏初时，白花满烟雨。

茶中杂咏·茶人
皮日休

生于顾渚山，老在漫石坞。语气为茶荈，衣香是烟雾。庭从木颖子遮，果任獳师房。日晚相笑归，腰间佩轻篓。

茶中杂咏·茶笋
皮日休

褎然三五寸，生必依岩洞。寒恐结红铅，暖疑销紫汞。圆如玉轴光，脆似琼英冻。每为遇之疏，南山挂幽梦。

茶中杂咏·茶籯
皮日休

筤篣晓携去，蓦个山桑坞。开时送紫茗，负处沾清露。歇把傍云泉，归将挂烟树。满此是生涯，黄金何足数。

茶中杂咏·茶舍
皮日休

阳崖枕白屋，几口嬉嬉活。棚上汲红泉，焙前蒸紫蕨。乃翁研茗后，中妇拍茶歇。相向掩柴扉，清香满山月。

茶中杂咏·茶灶
皮日休

南山茶事动，灶起岩根傍。水煮石发气，薪然杉脂香。青琼蒸后凝，绿髓炊来光。如何重辛苦，一一输膏粱。

茶中杂咏·茶焙
皮日休

凿彼碧岩下，恰应深二尺。泥易带云根，烧难碍石脉。初能燥金饼，渐见干琼液。九里共杉林，相望在山侧。

茶中杂咏·茶鼎
皮日休

龙舒有良匠，铸此佳样成。立作菌蠢势，煎为潺湲声。草堂暮云阴，松窗残雪明。此时勹复茗，野语知逾清。

茶中杂咏·茶瓯
皮日休

邢客与越人，皆能造兹器。圆似月魂堕，轻如云魄起。枣花势旋眼，薠沫香沾齿。松下时一看，支公亦如此。

茶中杂咏·煮茶
皮日休

香泉一合乳，煎作连珠沸。时看蟹目溅，乍见鱼鳞起。声疑松带雨，饽恐生烟翠。尚把沥中山，必无千日醉。

奉和袭美茶具十咏·茶坞
陆龟蒙

茗地曲隈回，野行多缭绕。向阳就中密，背涧差还少。遥盘云髻慢，乱簇香篝小。何处好幽期，满岩春露晓。

奉和袭美茶具十咏·茶人
陆龟蒙

天赋识灵草，自然钟野姿。闲来北山下，似与东风期。雨后探芳去，云间幽路危。唯应报春鸟，得共斯人知。

奉和袭美茶具十咏·茶笋
陆龟蒙

所孕和气深，时抽玉茗短。轻烟渐结华，嫩蕊初成管。寻来青霭曙，欲去红云暖。秀色自难逢，倾筐不曾满。

奉和袭美茶具十咏·茶籯
陆龟蒙

金刀劈翠筠，织似波纹斜。制作自野老，携持伴山娃。昨日斗烟粒，今朝贮绿华。争歌调笑曲，日暮方还家。

奉和袭美茶具十咏·茶舍
陆龟蒙

旋取山上材，驾为山下屋。门因水势斜，壁任岩隈曲。朝随鸟俱散，暮与云同宿。不惮采掇劳，只忧官未足。

奉和袭美茶具十咏·茶灶
陆龟蒙

无突抱轻岚，有烟映初旭。盈锅玉泉沸，满甑云芽熟。奇香袭春桂，嫩色凌秋菊。炀者若吾徒，年年看不足。

奉和袭美茶具十咏·茶焙
陆龟蒙

左右捣凝膏，朝昏布烟缕。方圆随样拍，次第依层取。山谣纵高下，火候还文武。见说焙前人，时时炙花脯。

奉和袭美茶具十咏·茶鼎
陆龟蒙

新泉气味良，古铁形状丑。那堪风雪夜，更值烟霞友。曾过颎石下，又住清溪口。且共荐皋卢，何劳倾斗酒。

奉和袭美茶具十咏·茶瓯
陆龟蒙

昔人谢堀埏，徒为妍词饰。岂如圭璧姿，又有烟岚色。光参筠席上，韵雅金罍侧。直使于阗君，从来未尝识。

奉和袭美茶具十咏·煮茶
陆龟蒙

闲来松间坐，看煮松上雪。时于浪花里，并下蓝英末。倾余精爽健，忽似氛埃灭。不合别观书，但宜窥玉札。

2.3　宋代咏茶诗

答建州沈屯田寄新茶
梅尧臣

春芽研白膏，夜火焙紫餅。价与黄金齐，包开青箬整。碾为玉色尘，远及芦底井。一啜同醉翁，思君聊引领。

双　井　茶
欧阳修

西江水清江石老，石上生茶如凤爪。穷腊不寒春气早，双井芽生先百草。白毛囊以红碧纱，十斤茶养一两芽。长安富贵五侯家、一啜犹须三日夸。宝云日注非不精，争新弃旧世人情。岂知君子有常德，至宝不随时变易。君不见建溪龙凤团，不改旧时香味色。

尝　新　茶
曾巩

麦粒收来品绝伦，葵花制出样争新。一杯永日醒双眼，草木英华信有神。

寄　茶　与　平　甫
王安石

碧月团团堕九天，封题寄与洛中仙。石楼试水宜频啜，金谷看花莫漫煎。

61

试 院 煎 茶
苏轼

蟹眼已过鱼眼生，飕飕欲作松风鸣。蒙茸出磨细珠落，眩转绕瓯飞雪轻。银瓶泻汤夸第二，未识古人煎水意。君不见，昔时李生好客手自煎，贵从活火发新泉。又不见，今时潞公煎茶学西蜀，定州花瓷琢红玉。我今贫病常苦饥，分无玉碗捧蛾眉。且学公家作茗饮，砖炉石铫行相随。不用撑肠拄腹文字五千卷，但愿一瓯常及睡足日高时。

汲 江 煎 茶
苏轼

活水还须活火烹，自临钓石取深清。大瓢贮月归春瓮，小杓分江入夜瓶。雪乳已翻煎处脚，松风忽作泻时声。枯肠未易禁三碗，坐听荒城长短更。

双井茶送子瞻
黄庭坚

人间风日不到处，天上玉堂森宝书。想见东坡旧居士，挥毫百斛泻明珠。我家江南摘云腴，落硙霏霏雪不如。为君唤起黄州梦，独载扁舟向五湖。

茶
秦观

茶实嘉木英，其香乃天育。芳不愧杜蘅，清堪掩椒菊。上客集堂葵，圆月探奁盝。玉鼎注漫流，金碾响丈竹。侵寻发美鬯，猗狔生乳粟。经时不销歇，衣袂带纷郁。幸蒙巾笥藏，苦厌龙兰续。愿君斥异类，使我全芬馥。

煎　茶
曾几

贫中有佳设，石鼎事煎烹。顾渚草芽白，惠山泉水清。酌多风可御，薰歇雾犹横。饮罢妻孥笑，枯肠百转鸣。

采　茶　行
郑樵

春山晓露洗新碧，宿鸟倦飞啼石壁。手携桃杖歌行役，鸟道纡回惬所适。千树朦胧半含白，峰峦高低如几席。我生偃蹇耽幽僻，拨草驱烟频蹑屐。采采前山慎所择，紫芽嫩绿敢轻掷。龙团佳制自往昔，我今未酌神先怪。安得龟蒙地百尺，前种武夷后郑宅。逢春吸露枝润泽，大招二陆栖魂魄。

试　茶
陆游

北窗高卧鼾如雷，谁遣香茶挽梦回。绿地毫瓯雪花乳，不妨也道入闽来。

俟汲井水煮茶
陆游

病起罢观书，袖手清夜永。四邻悄无语，灯火正凄冷。山童亦睡熟，汲水自煎茗。锵然辘轳声，百尺鸣古井。肺腑凛清寒，毛骨亦苏省。归来月满廊，惜踏疏梅影。

以六一泉煮双井茶
杨万里

鹰爪新茶蟹眼汤，松风鸣雪兔毫霜。细参六一泉中味，故有涪翁句子香。日铸建溪当退舍，落霞秋水梦还乡。何时归上滕王阁，自看风炉自煮尝。

摘　茶

释居简

苦莫苦于茶，回甘莽不如。癖丛嗔重敛，睡眼喜丰储。未雨试芳洁，残春空绪余。

丁宁加惠养，竭泽恐无鱼。

茶

郑清之

书如香色倦犹爱，茶似苦言终有情。慎勿教渠纵袴识，珠槽碎釜浪相轻。

第3章 茶艺基础知识

3.1 茶叶的分类

不同的茶叶所具有的基本品质特征是在不同的加工过程中得以体现的，根据其加工发酵程度不同，依次分为绿茶、黄茶、白茶、乌龙茶(青茶)、红茶与黑茶等六种类型。

3.1.1 绿茶

国家标准(GB/T 14456.1—2008)对绿茶的规定是："用茶树新梢的芽、叶、嫩茎，经过杀青、揉捻、干燥等工艺制成的初制茶(或称毛茶)和经过整形、归类等工艺制成的精制茶(或称成品茶)保持绿色特征，可供饮用的茶则均称为绿茶，属于不发酵茶类(发酵度为0)。"由此可见，绿茶是不发酵茶，它是经过高温杀青后，保持了茶叶嫩叶原有的青绿色泽，并保留了较多的鲜叶内天然物质。其中茶多酚、咖啡碱保留了鲜叶的85%以上，叶绿素保留了50%左右，维生素损失也较少，从而形成了绿茶"清汤绿叶，滋味收敛性强"的特点。

绿茶

绿茶的加工简单分为杀青、揉捻和干燥三个步骤，其中关键在于杀青。鲜叶通过杀青，使酶的活性钝化，内含的各种化学成分基本上是在没有酶影响的条件下，由热力作用进行物理化学变化，从而形成了绿茶的品质特征。

1. 杀青

杀青对绿茶品质起着决定性的作用。通过高温破坏鲜叶中酶的特性，制止多酚类物质氧化，以防止叶子红变；同时蒸发叶内的部分水分，使叶子变软，为揉捻造形创造条件。随着水分的蒸发，鲜叶中具有青草气的低沸点芳香物质挥发消失，从而使茶叶香气得到改善。

除特种茶外，该过程均在杀青机中进行。影响杀青质量的因素有杀青温度、投叶量、杀青机种类、时间、杀青方式等。它们是一个整体，互相牵连制约。杀青可分为炒青、烘青、晒青与蒸青。

(1) 炒青。由于在干燥过程中受到机械或手工操力的作用不同，成茶形成了长条形、圆珠形、扇平形、针形、螺形等不同的形状，故又分为长炒青、圆炒青、扁炒青等。

(2) 烘青。烘青是用烘笼进行烘干的。烘青毛茶经再加工精制后大部分作熏制花茶的茶坯，香气一般不及炒青高，少数烘青名茶品质特优。以其外形亦可分为条形茶、尖形茶、片形茶、针形茶等。

(3) 晒青。这一步骤是用日光进行晒干的，主要分布在湖南、湖北、广东、广西、四川、云南、贵州等省有少量生产。晒青绿茶以云南大叶种的品质最好，称为"滇青"；其他如川青、黔青、桂青、鄂青等品质各有千秋，但不及滇青。

(4) 蒸青。以蒸汽杀青是我国古代的杀青方法，唐朝时传至日本，相沿至今；而我国则自明代起即改为锅炒杀青。蒸青是利用蒸汽量来破坏鲜叶中的酶活性，形成干茶色泽深绿，茶汤浅绿和茶底青绿的"三绿"的品质特征，但香气较闷带青气，涩味也较重，不及锅炒杀青绿茶那样鲜爽。由于对外贸易的需要，我国从 20 世纪 80 年代中期以来也生产少量蒸青绿茶，主要品种有恩施玉露，产于湖北恩施；中国煎茶，产于浙江、福建和安徽三省。

2．揉捻

揉捻是绿茶塑造外形的一道工序。通过利用外力作用，使叶片揉破变轻，卷转成条，体积缩小，且便于冲泡。同时部分茶汁挤溢附着在叶表面，对提高茶滋味浓度也有重要作用。制绿茶的揉捻工序有冷揉与热揉之分。所谓冷揉，即杀青叶经过摊凉后揉捻；热揉则是杀青叶不经摊凉而趁热进行的揉捻。嫩叶宜冷揉以保持黄绿明亮之汤色于嫩绿的叶底，老叶宜热揉以利于条索紧结，减少碎末。

3．干燥

干燥的目的是蒸发水分并整理外形，充分发挥茶香。干燥方法有烘干、炒干和晒干三种形态。绿茶的干燥工序一般先经过烘干，然后再进行炒干。因揉捻后的茶叶含水量仍很高，如果直接炒干，会在炒干机的锅内很快结成团块，茶汁易粘结锅壁。故此，茶叶先进行烘干，使含水量降低至符合锅炒的要求。

3.1.2　黄茶

黄茶，属轻发酵茶类，加工工艺近似绿茶，只是在干燥过程的前或后增加一道"闷黄"的工艺，促使其多酚叶绿素等物质部分氧化。其制作过程为：鲜叶杀青揉捻—闷黄、干燥。黄茶的杀青、揉捻、干燥等工序均与绿茶制法相似，其最重要的工序在于闷黄，这是形成黄茶特点的关键，主要做法是将杀青和揉捻后的茶叶用纸包好，或堆积后以湿布盖之，时间以几十分钟

黄茶

或几个小时不等，促使茶坯在水热作用下进行非酶性的自动氧化，形成黄色。黄茶按照茶叶的嫩度和芽叶的大小分为黄芽茶、黄小茶和黄大茶。

1．黄芽茶

黄芽茶为原料细嫩、采摘单芽或一芽一叶加工而成，主要包

括：湖南岳阳洞庭湖君山的"君山银针"，四川雅安、名山县的"蒙顶黄芽"和安徽霍山的"霍山黄芽"。

2. 黄小茶

黄小茶为采摘细嫩芽叶加工而成，主要包括：湖南岳阳的"北港毛尖"，湖南宁乡的"沩山白毛尖"，湖北远安的"远安鹿苑"，安徽的"皖西黄小茶"和浙江温州、平阳一带的"平阳黄汤"。

黄芽茶 黄小茶

3. 黄大茶

黄大茶为采摘一芽二、三叶甚至一芽四、五叶为原料制作而成，主要包括：安徽的"皖西黄大茶"，安徽金寨、霍山、六安、岳西和湖北英山所产的"黄大茶"和广东韶关、肇庆、湛江等地的"广东大叶青"。

黄大茶

3.1.3　白茶

白茶属轻微发酵茶，是中国茶类中的特殊珍品，是一种采摘后不经杀青或揉捻，只经过晒或文火干燥后加工的茶。白茶具有外形芽毫完整、满身披毫、毫香清鲜、汤色黄绿清澈、滋味清淡回甘的品质特点。因其成品茶多为芽头，满披白毫，如银似雪而得名。白茶的主要产区在福建福鼎、政和、松

白茶

溪、建阳、云南景谷等地。其基本工艺包括萎凋、烘焙(或阴干)、拣剔、复火等工序。云南白茶工艺主要是晒青，晒青茶的优势在于口感保持茶叶原有的清香味。萎凋是形成白茶品质的关键工序。

白茶因茶树品种、原料(鲜叶)采摘的标准不同，以及鲜叶原料不同，可分为白毫银针、白牡丹、泉城红、贡眉、寿眉及新工艺白茶五种。

1. 白毫银针

白毫银针，简称银针，又叫白毫，因其白毫密披、色白如银、外形似针而得名，其香气清新，汤色淡黄，滋味鲜爽，是白茶中的极品，素有茶中"美女"、"茶王"之美称。

2. 白牡丹

白牡丹，因其绿叶夹银白色毫心，形似花朵，冲泡后绿叶托着嫩芽，宛如蓓蕾初放，故得美名。白牡丹是采自大白茶树或水仙种的短小芽叶新梢的一芽一、二叶制成的，是白茶中的上乘佳品。

白毫银针

白牡丹

3．贡眉

贡眉，有时又被称为寿眉，是白茶中产量最高的一个品种，其产量约占到了白茶总产量的一半以上。它是以菜茶茶树的芽叶制成的，这种用菜茶芽叶制成的毛茶称为"小白"，以区别于福鼎大白茶、政和大白茶茶树芽叶制成的"大白"毛茶。以前，菜茶的茶芽曾经被用来制造白毫银针等品种，但后来则改用"大白"来制作白毫银针和白牡丹，而小白就用来制造贡眉了。

4．寿眉

寿眉，是用采自菜茶（福建茶区对一般灌木茶树之别称）品种的短小芽片和大白茶片叶制成的白茶。通常，"贡眉"表示上品，其质量优于寿眉，一般只称贡眉，而不再有寿眉。贡眉的产区主要位于福建省的建阳县，在建鸥、浦城等也有生产。制作贡眉的鲜叶的采摘标准为一芽二叶至一芽三叶，采摘时要求茶芽中含有嫩芽、壮芽。贡眉的制作工艺分为初制和精制，其制作方法与白牡丹茶的制作基本相同。优质的贡眉成品茶毫心明显，茸毫色白且多，干茶色泽翠绿，冲泡后汤色呈橙黄色或深黄色，叶底匀整、柔软、鲜亮，叶片迎光看去，可透视出主脉的红色，品饮时感觉滋味醇爽，香气鲜纯。

贡眉

寿眉

5．新工艺白茶

新工艺白茶为福建的特产，主要产区在福鼎、政和、松溪、建阳等地。新工艺白茶简称新白茶，是按白茶加工工艺，在萎凋后加入轻揉制成。新工艺白茶外形叶张略有缩摺呈半卷条形，色泽暗绿带褐，香清味浓，汤色味似绿茶但无清香，似红茶而无醇感，浓醇清甘是其特色。因工艺茶条形较贡眉紧卷，汤味较浓，汤色较浓，故受到消费者的欢迎。

新工艺白茶

3.1.4 乌龙茶(青茶)

乌龙茶，亦称青茶、半发酵茶及全发酵茶，品种较多，是中国几大茶类中独具鲜明汉族特色的茶叶品类。乌龙茶(青茶)是经过采摘、萎凋、摇青、炒青、揉捻、烘焙等工序后制出的品质优异的茶类。根据产地不同可将乌龙茶(青茶)分为广东、闽北、闽南和台湾四类。

乌龙茶(青茶)

1. 广东乌龙茶(青茶)

广东乌龙茶(青茶)产于粤东地区的潮安、饶平，丰顺、蕉岭、平远、揭东、揭西、普宁、澄海、梅州市大埔、东莞市，主要产品有凤凰水仙、凤凰单丛、岭头单丛、饶平色种、石古坪乌龙、大叶奇兰、兴宁奇兰等，以潮安的凤凰单丛和饶平的岭头单丛最为著名。总体来说，广东乌龙茶(青茶)条索肥壮匀整，色泽褐中带灰，油润有光，汤色黄而带红亮，叶底非常肥厚。最突出的是广东乌龙茶的香气，独树一帜而又芬芳馥郁。较为常见的香型有：类似栀子花的黄枝香、桂花香、蜜兰香、芝兰香等。

广东乌龙茶　　　　　　　　闽北乌龙茶

2. 闽北乌龙茶(青茶)

闽北乌龙茶产于福建崇安(除武夷山外)、建瓯、建阳、水吉等地。闽北乌龙茶做青时发酵程度较重，揉捻时无包揉工序，因而条索壮结弯曲，干茶色泽较乌润，香气为熟香型，汤色橙黄明亮，叶底三红七绿，红镶边明显。常见的闽北乌龙茶有闽北水仙、闽北乌龙、武夷水仙、武夷肉桂、武夷奇种、武夷品种(乌龙、梅占、观音、雪梨、奇兰、佛手等)、普通名枞(金柳条、金锁匙、千里香、不知春等)、名岩名枞(大红袍、白鸡冠、水金龟、铁罗汉、半天矢等)，其中以武夷岩茶为代表，而"大红袍"最为有名。武夷岩茶如武夷水仙、武夷肉桂等香味具特殊的"岩韵"，汤色橙红浓艳，滋味醇厚回甘，叶底肥软、绿叶红镶边。

3．闽南乌龙茶(青茶)

闽南乌龙茶产于福建南部安溪、永春、南安、同安等地。茶鲜叶经晒青、晾青、做青、杀青、揉捻、毛火、包揉、再干制成。其主要品类有铁观音、黄金桂、闽南水仙、永春佛手，以及闽南色种。

4．台湾乌龙茶(青茶)

台湾乌龙茶原产于福建，但是福建乌龙茶的制茶工艺传到台湾后有所改变，使得台湾乌龙茶别具一格。依据发酵程度和工艺流程的区别可分为：轻发酵的文山型包种茶和冻顶型包种茶；重发酵的台湾乌龙茶。

闽南乌龙茶　　　　　　　　　台湾乌龙茶

3.1.5　红茶

红茶，属全发酵茶，是以适宜的茶树新牙叶为原料，经萎凋、揉捻(切)、发酵、干燥等一系列工艺过程精制而成的茶。按照其加工的方法与出品的茶形，一般又可分为三大类：小种红茶、工夫红茶、碎红茶。

1．小种红茶

小种红茶是最古老的红茶，同时也是其他红茶的鼻祖，其他红茶都是从小种红茶演变而来的。它分为正山小种和外山小种，均原产于武夷山地区。正山小种产于武夷山市星村镇桐木关一带，所以又称为"星村小种"或"桐木关小种"。外山小种主产于福建的政

73

和、坦洋、古田、沙县等地，江西的铅山一带也有出产。

红茶

小种红茶

2. 工夫红茶

我国17个省产茶，其中12个省先后生产工夫红茶。我国工夫红茶品类多、产地广。工夫红茶内含物质十分丰富，茶多酚和儿茶素较高，茶芽壮多毫，具有优良的发酵性能和丰富的多酚类物质，制成的功夫红茶，茶条细嫩、紧结、橙芽满披、金黄芽毫、色泽油润、香高味浓、叶底鲜红、明亮、茶汤透明、滋味浓强。工夫红茶按产地命名的有滇红工夫、祁门工夫(含浮梁工夫、霍山工夫)、宁红工夫、宜红工夫(含石门工夫)、川红工夫(含黔红工夫)、湖红工夫、闽红工夫(含坦洋工夫、白琳工夫、政和工夫)、台湾工夫、越红工夫、江苏工夫及粤红工夫等；按品种分为大叶工夫和小叶工夫两种：大叶工夫茶以乔木或半乔茶树鲜叶为原料制成，又称"红叶工夫"，以滇红工夫及政和工夫为代表；小叶工夫以灌木型小叶种茶树的鲜叶为原料制成，色泽乌黑，又称"黑叶工夫"，以祁门工夫及宜红工夫为代表。

工夫红茶

3. 碎红茶

碎红茶按其外形又可细分为叶茶、碎茶、片茶、末茶，产地分布较广，遍于云南、广东、海南、广西，主要供出口。

碎红茶

3.1.6　黑茶

黑茶，成品茶的外观呈黑色，故得名。黑茶属后发酵茶，主产区为四川、云南、湖北、湖南、陕西、安徽等地。黑茶采用的原料较粗老，是压制紧压茶的主要原料。制茶工艺一般包括杀青、揉捻、渥堆和干燥四道工序。黑茶按地域分布，主要分类为湖南黑茶（茯茶）、四川藏茶（边茶）、云南黑茶（普洱茶）、广西六堡茶、湖北老黑茶及陕西黑茶(茯茶)、安徽古黟黑茶。

黑茶

黑茶品种可分为紧压茶与散装茶及花卷三大类：紧压茶为砖茶，主要有茯砖、花砖、黑砖、青砖，俗称四砖；散装茶主要有天尖、贡尖、生尖，统称为三尖；花卷茶有十两、百两、千两等。

1. 四砖

茯砖：陕西茯茶出自于陕西咸阳泾阳，距今已有近千年历史，它兴于宋，盛于明清和民国时期。茶体紧结，色泽黑褐油润，金花茂盛，菌香四溢，茶汤橙红透亮，滋味醇厚悠长。此茶适合高寒地带及高脂饮食地区的人群饮用，特别是居住在沙漠、戈壁、高原等荒凉地区，主食牛肉、羊肉、奶酪的游牧民族在缺少蔬菜水果的情况下。因而在中国西北地区有"一日无茶则滞，三日无茶则痛"、"宁可一日无粮，不可一日无茶"之说。

茯砖

花砖："花砖"历史上叫"花卷"，因一卷茶净重合老秤1000两，故又称"千两茶"。其正面边有花纹，砖面色泽黑褐，内质香气纯正，滋味浓厚微涩，汤色红黄，叶底老嫩匀称，每片花砖净重 2 千克，目前有 1 千克、2 千克等几种规格。花砖形状虽然与花卷不同,但内质基本接近,成为黑茶类的新品种,代替了历史上的花茶,受到了销区的赞赏与欢迎。"花砖"的名称来由,一是由卷改砖形,二是砖面四边有花纹,以示与其他砖茶的区别,故名"花砖"。

花砖

黑砖:因用黑毛茶作原料,色泽黑润,成品块状如砖,故得名。其原料选自安化、桃江、益阳、汉寿、宁乡等县茶厂生产的优质黑毛茶。制作时先将原料筛分整形,风选拣剔提净,按比例拼配;机压时,先高温汽蒸灭菌,再高压定型,检验修整,缓慢干燥,包装成为砖茶成品。每块重 2 千克,呈长方砖块形,砖面平整光滑,棱角分明。茶叶香气纯正,汤色黄红稍褐,滋味较浓醇。该品为半发酵茶,去除鲜叶中的青草气,加以砖身紧实,不易受潮霉变,收藏数年仍不变味,且越陈越好,适于烹煮饮用,尚可加入乳品和食糖调饮。

黑砖

青砖：亦称湖北黑茶，具有其他普通黑茶和普洱茶所没有的自然茶香。它以老青茶为原料，经蒸汽高温压制而成，汤色澄红清亮，浓酽馨香，味道纯正，回甘隽永。青砖茶经发酵、高温蒸压、适当存放自然后发酵后，茶叶中的儿茶素和茶多酚比普通茶更易溶于水中。饮用青砖茶，除生津解渴外，其具有的化腻健胃、降脂瘦身、御寒提神、杀菌止泻等独特功效为其他茶类所不及。青砖茶经多道工序制作后压制而成长方砖形，感观上为色泽青褐，香气纯正，滋味尚浓无青气，水色红黄尚明，叶底暗黑粗老。

青砖

2. 三尖

天尖：用一级黑毛茶压制而成，外形色泽乌润，内质香气清香，滋味浓厚，汤色橙黄，叶底黄褐。

贡尖：用二级黑毛茶压制而成，外形色泽黑带褐，香气纯正，滋味醇和，汤色稍橙黄，叶底黄褐带暗。

天尖

贡尖

生尖：用三级黑毛茶压制而成，外形色泽黑褐，香气平淡，稍带焦香，滋味尚浓微涩，汤色暗褐，叶底黑褐粗老。

生尖

3．花卷茶

"十两茶"：安化的一个传统名茶，以每卷(支)的茶叶净含量合过去老秤十两而得名，因其外表的篾篓包装成花格状，故又名花卷茶十两茶。该茶采用茶学界俗称为后发酵的黑毛茶为原料，十两茶的重量约 0.3625 千克/支，纯手工制作，重量略有出入。此产品为千两茶袖珍版，精选优质原料，方便携带，极具收藏价值。因此，只要将该茶存放在干燥、无异味的场所，时间越久，口感更醇厚、自然，其药理保健功效则更加突出。

"百两茶"：属于湖南黑茶中花卷茶系列之一，由于当时是用老秤进行计量称重，净重为100两，所以叫做百两茶。千两茶、百两茶、十两茶是20世纪50年代绝产的传统工艺商品，主要由于海外市场的征购，这一原产地在安化山区的奇珍才得以在21世纪之初璧现，并风靡广东及东南亚市场。其声誉之盛，已不亚于当今大行其道的普洱，被权威的台湾茶书誉为"茶文化的经典，茶叶历史的浓缩，茶中的极品"。

"千两茶"：又名招财柱(顶梁柱)，也是安化的一个传统名茶，以每卷(支)的茶叶净含量合老秤一千两而得名，因其外表的篾篓包装成花格状，故又名花卷茶。吸天地之灵气，收日月之精华，日晒夜露是"千两茶"品质形成的关键工艺。

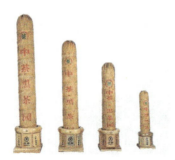 

花卷茶

3.2 茶 艺 器 具

茶器乃茶之父。中国茶具历史悠久，工艺精湛，品类繁多，从狭义的范围进行区分，主要指茶杯、茶碗、茶壶、茶托等饮茶用具。唐代陆羽在《茶经》中记载，饮茶器具统称为茶器，分为8大类24种共29件。宋朝前朝，饮用茶类和饮茶方法与唐代相同，茶具相差无几，元代则在宋朝茶具的外形上加以装饰，彰显精致工艺。从明朝开始，随着散茶在全国兴起，烹茶用沸水直接冲泡，茶具开始简化。清朝沿用明朝茶具，其品种门类更全。近代，茶具的品种、花色更多，在造型艺术上比过去精巧美观，材料和工艺都有新的发展。茶具因茶人的参与，使其成为了茶文化的载体。

3.2.1 茶具的材质

目前，我国茶具因制作材料和产地不同而分为陶土茶具、瓷器茶具、玻璃茶具、竹木茶具、金属茶具和漆器茶具等几大类。

1. 陶土茶具

陶土器具是新石器时代的重要发明。最初是粗糙的土陶，然后逐步演变为比较坚实的硬陶，再发展为表面敷釉的釉陶。宜兴古代制陶颇为发达，在商周时期，就出现了几何印纹硬陶。秦汉时期，已有釉陶的烧制。

陶土茶具

北宋初期，江苏宜兴采用紫泥烧制成紫砂陶器，使陶土茶具的发展走向高峰，成为中国独树一帜的优秀茶具，在明朝非常流行。紫砂茶具和一般陶器不同，其里外都不敷釉，采用当地的紫泥、红泥、绿泥抟制焙烧而成。由于成陶温度较高，烧结密致，胎质细腻，形成不渗漏的气孔。这种气孔使得紫砂茶具拥有良好的透气性能，经久使用，能吸附茶汁，蕴蓄茶味，且导热不快，不致烫手；若热天盛茶，则不易酸馊；即使冷热剧变，也不易破裂，甚至可以直接放在炉灶上煨炖。紫砂茶具还具有造型简练大方、色调淳朴古雅的特点，外形有似竹节、莲藕、松段和仿商周古铜器形状的。

《桃溪客语》说："阳羡(即宜兴)瓷壶自明季始盛，上者与金玉等价。"可见紫砂茶具之名贵。而今，紫砂茶具不仅是人们的日常用品，一些名家手工制作的紫砂茶具逐渐成为珍贵的收藏品。

2. 瓷器茶具

瓷器是中国汉文明的一面旗帜，瓷器茶具与中国茶的匹配，让中国茶传播到全球各地。中国茶具最早以陶器为主。瓷器发明之后，陶质茶具逐渐为瓷质茶具所代替。瓷器茶具又可分为白瓷茶具、青瓷茶具和黑瓷茶具等。

瓷器茶具

(1) 白瓷茶具。唐代饮茶之风大盛，促进了茶具生产的相应发展，全国有许多地方的瓷业都很兴旺，形成了一批以生产茶具为主的著名窑场。各窑场争美斗奇，相互竞争。据《唐国史补》载，河南巩县瓷窑在烧制茶具的同时，还塑造了"茶神"陆羽的瓷像，客商每购茶具若干件，即赠送一座瓷像，以招揽生意。其他如河北任丘的邢窑、浙江余姚的越窑、湖南的长沙窑、四川大邑窑，也都产白瓷茶具。唐代烧造的白瓷，胎釉白净，如银似雪，标志着白瓷的真正成熟。

(2) 青瓷茶具。早在东汉年间，已开始生产色泽纯正、透明发光的青瓷。晋代浙江的越窑、婺窑、瓯窑已具相当规模。青瓷的主要产地在浙江，最流行的是一种叫"鸡头流子"的有嘴茶壶。 六朝以后，许多青瓷茶具拥有莲花纹饰。唐代的茶壶又称"茶注"，壶嘴称"流子"，形式短小，取代了晋时的"鸡头流子"。

宋代饮茶，盛行茶盏，使用盏托也更为普遍。茶盏又称茶盅，实际上是一种小型茶碗，它有利于发挥和保持茶叶的香气滋味，这一点很符合科学道理。茶杯过大，不仅香味易散，且注入开水多，载热量大，容易烫熟茶叶，使茶汤失去鲜爽味。由于宋代瓷窑的竞争，技术的提高，使得茶具种类增加，出产的茶盏、茶壶、茶杯等品种繁多，式样各异，色彩雅丽，风格大不相同。浙江龙泉县哥窑生产的青瓷茶具，于16世纪首次远销欧洲市场，立即引起人们的极大兴趣。唐代顾况《茶赋》云："舒铁如金之鼎，越泥似玉之瓶"；皮日休《茶瓯》诗有"邢客与超人，皆能造瓷器，圆似月魂堕，轻如云魄起"之说；韩偓《横塘诗》则云"越瓯犀液发茶香"。这些诗都赞扬了翠玉般的越窑青瓷茶具的优美。宋时，五大名窑之一的浙江龙泉哥窑达到鼎盛时期，生产各类青瓷器，包括茶壶、茶碗、茶盏、茶杯、茶盘等，瓯江两岸盛况空前，群窑林立，烟火相望，运输船舶往返如梭，一派繁荣景象。

直到元代中后期，青花瓷茶具开始成批生产，特别是景德镇，成了我国青花瓷茶具的主要生产地。由于青花瓷茶具绘画工艺水平高，特别是将中国传统绘画技法运用在瓷器上，因此这也可以说是元代绘画的一大成就。明代，景德镇生产的青花瓷茶具，诸如茶壶、茶盅、茶盏，花色品种越来越多，质量愈来愈精，无论是器形、造型、纹饰等都冠绝全国，成为其它生产青花茶具窑场模仿的对象，清代，特别是康熙、雍正、乾隆时期，青花瓷茶具在古陶瓷发展史上又进入了一个历史高峰，超越前朝，影响后代。康熙年间烧制的青花瓷器具，更是史称清代之最。

(3) 黑瓷茶具。宋代福建斗茶之风盛行，斗茶者们根据经验认为建安窑所产的黑瓷茶盏用来斗茶最为适宜，因而驰名。宋黎、蔡襄《茶录》说："茶色白，宜黑盏，建安所造者绀黑，纹如兔毫，其坯微厚，烙(原字左为"火"字，右上为三个"力"字，右下为"月"字)之久热难冷，最为要用。出他处者，或薄或色紫，皆不及也。其青白盏，斗试家自不用。"这种黑瓷兔毫茶盏，风格独特，古朴雅致，而且磁质厚重，保温性能较好，故为斗茶行家所珍爱。其他瓷窑也竞相仿制，如四川省博物馆藏有一个黑瓷兔毫茶盏，就是四川广元窑所烧制的，其造型、瓷质、釉色和兔毫纹与建瓷不差分毫，几可乱真。

浙江余姚、德清一带也曾出产过漆黑光亮、美观实用的黑釉瓷茶具，最流行的是一种鸡头壶，即茶壶的嘴呈鸡头状，日本东京国立博物馆至今还存有一件，名叫"天鸡壶"，被视作珍宝。

总之，我国的瓷器茶具品类很多，产地遍及全国，重要的亦有数十处，相对较著名的有瓷都景德镇、福建德化瓷、龙泉青瓷、哥窑瓷、弟窑瓷。

3. 玻璃茶具

玻璃，古人称之为流璃或琉璃，实是一种有色半透明的矿物质。玻璃质地透明，光泽夺目，外形可塑性大，用玻璃茶具泡茶，茶汤的鲜艳色泽，茶叶的细嫩柔软，茶叶在整个冲泡过程中的上下穿动，叶片的逐渐舒展等，可以一览无余，可说是一种动态的艺术欣赏。特别是冲泡各类名茶，茶具晶莹剔透，杯中轻雾缥缈，澄清碧绿，芽叶朵朵，亭亭玉立，观之赏心悦目，别有风趣；而且玻璃杯价廉物美，深受广大消费者的欢迎。美中不足的是玻璃器具容易破碎，比陶瓷烫手。

玻璃茶具

4. 竹木茶具

将竹或木采用车、雕、琢、削等工艺可制成茶具。竹木茶具现多用于茶台、茶海、杯垫、杯架、茶道组合、茶盘等。竹木茶具，古代有之。隋唐以前，我国饮茶虽渐次推广开来，但属粗放饮茶。当时的饮茶器具，除陶瓷器外，民间多用竹木制作而成。陆羽在《茶经·四之器》中开列的29件茶具，多数是用竹木制作的。这种茶具，来源广，制作方便，对茶无污染，对人体又无害，因此，自古至今，一直受到茶人的欢迎。

竹木茶具

5. 金属茶具

金属茶具是指由金、银、铜、铁、锡等金属材料制作而成的器具。隋唐时期，金银器具的制作达到高峰。陕西扶风法门寺出土的鎏金茶具，可谓是金属茶具中罕见的稀世珍宝。但从宋代开始，古人对金属茶具褒贬不一。元代以后，特别是从明代开始，随着茶类的创新，饮茶方法的改变，以及陶瓷茶具的兴起，才使包括银质器具在内的金属茶具逐渐消失，尤其是用锡、铁、铅等金属制作的茶具，用它们来煮水泡茶，被认为会使"茶味走样"，以致很少有人使用。但用金属制成贮茶器具，如锡瓶、锡罐等，却屡见不鲜。这是因为金属贮茶器具的密闭性要比纸、竹、木、瓷、陶等好，具有较好的防潮、避光性能，这样更有利于散茶的保藏。因此，用锡制作的贮茶器具至今仍流行于世。

金属茶具

6．漆器茶具

漆器茶具始于清代，主要产于福建福州一带。漆器茶具较有名的有北京雕漆茶具、福州脱胎茶具、江西鄱阳等地生产的脱胎漆器等，均具有独特的艺术魅力。其中，尤为福建生产的漆器茶具多姿多彩，有"宝砂闪光"、"金丝玛瑙"、"仿古瓷"、"雕填"等品种，红如宝石的"赤金砂"和"暗花"等新工艺，更加鲜丽夺目，令人喜爱。

漆器茶具具有轻巧美观、色泽光亮、能耐温及耐酸的特点，这种茶器具更具有艺术品的功用。

漆器茶具

3.2.2　常见茶具选配

我国地域辽阔，茶类繁多，又因民族众多，民俗也有差异，饮茶习惯便各有特点，所用器具更是异彩纷呈。

1. 常见茶具的种类

当我们泡茶时，将茶具区分成下列四大类：

（1）主泡茶具：主要的泡茶用具。

茶壶是一种供泡茶和斟茶用的带嘴器皿，是茶具的一个重要组成部分。壶由壶盖、壶身、壶底和圈足四部分组成。由于壶的把、盖、底、形的细微部分不同，壶的基本形态就有近200种。

以把划分：① 壶把为耳状，在壶嘴的对面；② 提梁壶，壶把在盖上方为虹状；③ 飞天壶，壶把在壶身一侧上方为彩带习舞状；④ 握把壶，壶把圆直形与壶身呈90度状；⑤ 无把壶，壶把省略，手持壶身头部倒茶。

以有无滤胆分：① 普通壶，上述的各种茶壶，无滤胆；② 滤壶，在上述的各种茶壶中，壶口安放一只直桶形的滤胆或滤网，使茶渣与茶汤分开。

以形状分：① 筋纹形，犹如植物中弧形叶脉状筋纹，在壶的外壁上有凹形的纹线，称之为筋，而筋与筋之间的壁隆起，有圆泽感；② 几何形，以几何图形为造型，如正方形、长方形、菱形、球形、椭圆形、圆柱形、梯形等；③ 仿生形，又称自然形，仿各种动、植物造型，如南瓜壶、梅桩壶、松干壶、桃子壶、花瓣形壶等；④ 书画形，在制成的壶上刻凿出文字诗句或人物、山水、花鸟等。

唐羽壶　　　　　　　西施壶　　　　　　　提梁壶

茶船是盛放茶壶、茶杯、茶道组合、茶宠的浅底器皿。可分为：① 盘状，船沿矮小，整体如盘状，侧平视茶壶形态完全展现出来；② 碗状，船沿高耸，侧平视只见茶壶上半部；③ 夹层状，茶船制成双层，上层有许多排水小孔，使冲泡溢出之水流入下层，并有出水口，使夹层中的积聚之水容易倒出。

茶船

　　茶海是盛放泡好的茶汤之分茶器具，因有均匀茶汤浓度的功能，故亦称公道杯。可分为：① 壶式，以茶壶代替用之；② 圈顶式，将壶把省略，为区别于有把壶，常将壶口向外延拉成一翻边，以代替把手提着倒水；③ 杯式，无盖，从盅身拉出一个简单的倒水口，有把或无把。

茶海

　　品茗杯用来品茶及观赏茶的汤色，可分为：① 翻口杯，杯口向外翻出似喇叭状；② 敞口杯，杯口大于杯底，也称盏形杯；③ 直口杯，杯口与杯底同大，也称桶形杯；④ 收口杯，杯口小于杯底，也称鼓形杯；⑤ 把杯，附加把手的茶杯；⑥ 盖杯，附加盖子的茶杯，有把或无把。

品茗杯

闻香杯，闻香之用，比品茗杯细长，是乌龙茶特有的茶具，多在冲泡乌龙茶时使用。与品茗杯配套，质地相同，加一茶托则为一则闻香组杯。

闻香杯

杯托是放置茶杯的垫底器具，可分为：① 盘形，托沿矮小呈盘状；② 碗形，托沿高耸，茶杯下部被托包围；③ 高脚形，杯托下有一圆柱脚；④ 圈形，杯托中心留一空洞，洞沿上下有竖边，上固定杯底，下为托足；⑤ 复托形，高脚托的托碟中心再有一个碗形或碟形的小托，上托茶杯或茶碗。

杯托

盖碗是一种上有盖、下有托、中有碗的茶具，又称"三才杯"，盖为天、托为地、碗为人，暗含天地人和之意。

盖碗

(2) 辅泡茶具：辅助泡茶的用具。

茶荷是盛放待泡干茶的器皿，形状多为有引口的半球形，用以观赏干茶外形。

茶荷

茶巾可用来抹干泡茶、分茶时溅出的水，也可用来托垫壶底，还可用来吸干壶底、杯底之残水。

茶巾

茶漏用来过滤茶渣。

茶漏

茶道组合亦称"六君子"，包括：① 茶则，用来量取茶罐中的茶叶并置于茶荷或茶壶中；② 茶夹，泡头一道茶时，刮去壶口泡沫之具，形同筷子，也用于夹出茶渣，在配合泡茶时用于夹品茗杯之用；

③ 茶匙，用来向茶壶或盖碗中拨取茶叶，常与茶荷搭配使用；④ 茶针，由壶嘴伸入流中防止茶叶阻塞，使出水流畅的工具，以竹木制成；⑤ 壶漏，放在壶口上面，干茶投入壶中时，防止茶叶外漏的用具；⑥ 茶道筒，茶则、茶夹、茶匙、茶针、壶漏的有底筒状容器。

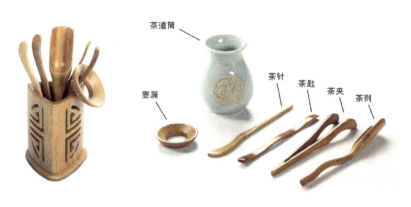

茶道组合

奉茶盘用来盛放茶杯、茶碗、茶具、茶食等，将其恭敬端送给品茶者，显得洁净而高雅。

奉茶盘

普洱茶针是用来分割普洱茶的工具。

普洱茶针

养壶笔是养壶及护理高档茶盘的专用笔。

养壶笔

茶宠，即茶水滋养的宠物，可寄托主人的一种情趣与愿望。

茶宠

(3) 备水器具：提供泡茶用水的器具。

随手泡是用来烧水的用具，即电热水壶，随手泡可以控制温度，方便实用，是泡茶中不可缺少的器具。

随手泡

贮水缸是盛放泡茶用水的容器。

贮水缸

茶洗可用来浸茶杯，也可用来浸冲罐，还可用来盛洗杯的水和已泡过的茶叶。

茶洗

(4) 储茶器具：存放茶叶的罐子。

茶样罐是泡茶时用于盛放茶样的容器，体积较小，装干茶 30～50 克即可。

茶样罐

贮茶罐可贮藏茶叶用，通常贮茶 250～500 克。为密封起见，贮茶罐应用双层盖或防潮盖，金属或瓷质均可。

贮茶罐

2. 常见茶具的选配

选择茶具，一要看茶叶，二要看场合，三要看人数。优质的茶具冲泡合适的名茶，两者相得益彰，可以提升饮茶的享受。

(1) 因茶制宜。古往今来，大凡讲究品茗情趣的人，都注重品茶韵味，崇尚意境高雅，强调"壶添品茗情趣，茶增壶艺价值"，认为好茶好壶，犹似红花绿叶，相映生辉。

唐代人们喝的是饼茶，茶须烤炙研碎后，再经煎煮而成，这种茶的茶汤呈淡红色。一旦茶汤倾入瓷茶具后，汤色就会因瓷色的不同而起变化。陆羽从茶叶欣赏的角度，提出了"青则益茶"，认为以青色越瓷茶具为上品；而唐代的皮日休和陆龟蒙则从茶具欣赏的角度提出了茶具以色泽如玉又有画饰的为最佳。

从宋代开始，饮茶习惯逐渐由煎煮改为"点注"，团茶研碎经"点注"后，茶汤色泽已近"白色"了，而此时作为饮茶的碗已改为盏，这样对盏色的要求也就起了变化："盏色贵黑青"，认为黑釉茶盏才能反映出茶汤的色泽。

明代，人们已由宋时的团茶改饮散茶。明代初期，饮用芽茶，茶汤已由宋代的"白色"变为"黄白色"，这样对茶盏的要求当然不再是黑色了，而是推行"白色"。明代中期以后，瓷器茶壶和紫砂茶具兴起，茶汤与茶具色泽不再有直接的对比与衬托关系。人们饮茶时将注意力转移到茶汤的韵味上，对茶叶色、香、味、形的要求，主要侧重"香"和"味"。这样，人们对茶具特别是对壶的色泽并不给予较多的注意，而是追求壶的"雅趣"。

清代以后，茶具品种增多，形状多变，色彩多样，再配以诗、书、画、雕等艺术，从而把茶具制作推向新的高度；而多茶类的出现，又使人们对茶具的种类与色泽、质地与式样，以及茶具的轻重、厚薄、大小等，提出了新的要求。

一般饮用花茶时，为有利于香气的保持，可用壶泡茶，然后斟入瓷杯饮用；饮用红茶和绿茶时注重茶的韵味，可选用有盖的壶、杯或碗泡茶；饮用乌龙茶则重在"啜"，宜用紫砂茶具泡茶；饮用红碎茶与工夫红茶，可用瓷壶或紫砂壶来泡茶，然后将茶汤倒入白瓷杯中饮用；品饮西湖龙井、洞庭碧螺春、君山银针、黄山毛峰等细嫩名茶，则用玻璃杯直接冲泡最为理想。至于其他细嫩名优绿茶，除选用玻璃杯冲泡外，也可选用白色瓷杯冲泡饮用。但不论冲泡何种细嫩名优绿茶，茶杯均宜小不宜大，大则水量多，热量大，会将茶叶泡熟，使茶叶色泽失却绿翠，其次会使芽叶软化，不能在汤中林立，失去姿态，还会使茶香减弱，甚至产生"熟汤味"。此外，冲泡红茶、绿茶、黄茶、白茶，使用盖碗，也是可取的。在我国民间，还有"老茶壶泡，嫩茶杯冲"之说。这是因为较粗老的老叶，用壶冲泡，一则可保持热量，有利于茶叶中的水浸出物溶解于茶汤，提高茶汤中的可利用部分；二则较粗老的茶叶缺乏观赏价值，用来敬客，不大雅观，这样，还可避免失礼之嫌。细嫩的茶叶，用杯冲泡，一目了然，同时可收到物质享受和精神欣赏之美。

(2) 因地制宜。中国地域辽阔，各地的饮茶习俗不同，故对茶具的要求也不同。长江以北一带，大多喜爱选用有盖瓷杯冲泡花茶，以保持花香，或者用大瓷壶泡茶，尔后将茶汤倾入茶盅杯饮用。在长江三角洲沪杭宁和华北京津等地一些大中城市，人们爱好品细嫩名优茶，既要闻其香、啜其味，还要观其色、赏其形，因此，特别喜欢用玻璃杯或白瓷杯泡茶。在江浙一带的许多地区，饮茶注重茶叶的滋味和香气，因此喜欢选用紫砂茶具泡茶，或用有盖瓷杯沏茶。福建及广东潮州、汕头一带，习惯于用小杯啜乌龙茶，故选用"烹茶四宝"——潮汕炉、玉书煨、孟臣罐、若琛瓯泡茶，以鉴赏茶的韵味。潮汕炉是粗陶炭炉，专作加热之用；玉书煨是瓦陶壶，高柄长嘴，架在炉上，专作烧水之用；孟臣罐是紫砂壶，专作泡茶之用；若琛瓯是品茗杯，专供饮茶之用。小杯啜乌龙，与其说是解渴，还不如说是闻香玩味。这种茶具往往又被看做是一种艺术品。四川人饮茶特别钟情盖茶碗，喝茶时，左手托茶托，不会烫手，右手拿茶碗盖，用以拨去浮在汤面的茶叶；加上盖，能够保香，去掉盖，又可观姿察色。选用这种茶具饮茶，颇有清代遗风。至于我国边疆少数民族地区，至今多习惯于用碗喝茶，古风犹存。

(3) 因具制宜。在选用茶具时，尽管人们的爱好多种多样，但以下三个方面却是都需要加以考虑的：一是要有实用性；二是要有欣赏价值；三是有利于茶性的发挥。不同质地的茶具，这三方面的性能是不一样的。

瓷器茶具，保温、传热适中，能较好地保持茶叶的色、香、味、形之美，而且洁白卫生，不污染茶汤，适合冲泡绿茶、白茶、黄茶和红茶。如果在茶具上加上图文装饰，将含艺术欣赏价值。

陶器茶具，用它泡茶，既无熟汤味，又可保持茶的真香；加之保温性能好，即使在盛夏酷暑，茶汤也不易变质发馊，适合冲泡乌龙茶和黑茶。

玻璃茶具，透明度高，气孔率低、吸水性小，用于冲泡绿茶，香气清扬又便于观形、色。

金玉茶具、脱胎漆茶具、竹编茶具等，或因价格昂贵，或因做工精细，或因艺术价值高，平日很少用来泡茶，往往作为一种珍品供人收藏或者作为一种礼品馈赠亲友。

在选择合适的茶具时，应注意色彩的搭配，型式和质地的选择，且整套茶具与饮茶环境相协调，不会产生突兀的感觉。各种茶类适宜选配的茶具色泽大致如下：

绿茶：透明玻璃杯，应无色、无花、无盖；或用白瓷、青瓷、青花瓷等。

白茶：白瓷或内壁有色的黑瓷。

黄茶：奶白或黄釉瓷，及黄、橙色壶杯具、盖碗、盖杯。

乌龙茶(青茶)：紫砂壶茶具或白瓷茶具。

红茶：内挂白釉紫砂、白瓷、红釉瓷、暖色瓷的壶杯具、盖杯、盖碗或咖啡壶具。

黑茶：陶器茶具或白瓷、褐色茶具。

3.3 水的选取与处理

水乃茶之母，无水则不可泡茶。水质的好坏也直接影响茶汤的质量，所以中国人自古就非常讲究泡茶用水。明代许次纾在《茶疏》中说："精茗蕴香，借水而发，无水不可与论茶也。"佳茗必须有好水相匹配，方能相得益彰。水质不好，就不能正确反映茶叶的色、香、味，尤其对茶汤滋味的影响更大。杭州"龙井茶，虎跑泉"，俗称"杭州双绝"；"蒙顶山上茶，扬子江心水"，闻名遐迩。可见用什么水泡茶，对茶的冲泡及效果起着十分重要的作用。

3.3.1 水的分类

泡茶用水要选择符合国家或地方饮用水标准，且取得卫生许可证生产单位生产的水。目前市场上的各种饮用水大致可分为五种类型。

1. 天然水

天然水包括江、河、湖、泉、井及雨水。用这些天然水泡茶应注意水源、环境、气候等因素，判断其洁净程度。对取自天然的水经过滤、臭氧化或其他消毒过程的简单净化处理，既保持了天然又达到洁净，也属天然水之列。在天然水中，泉水是泡茶最理想的水，泉水杂质少、透明度高、污染少，虽属暂时硬水，但加热后，呈酸性碳酸盐状态的矿物质被分解，释放出碳酸气，口感特别微妙，泉水煮茶，甘冽清芬俱备。然而，由于各种泉水的含盐量及硬度有较大的差异，也并不是所有泉水都是优质的，有些泉水含有硫磺，不能饮用。至于深井水泡茶，效果如何，主要取决于水的硬度，不少深井水为永久性硬水，若用于泡茶，则茶汤品质、口味很不理想。

2. 自来水

自来水是最常见的生活饮用水，其水源一般来自江、河、湖泊，属于加工处理后的天然水，为暂时硬水。因自来水含有较多的氯，饮用前需置清洁容器中1～2天，让氯气挥发，煮开后用于泡茶，水质还是可以达到要求的。

3．矿泉水

我国对饮用天然矿泉水的定义是：从地下深处自然涌出的或经人工开发的、未受污染的地下矿泉水，含有一定量的矿物盐、微量元素或二氧化碳气体，在通常情况下，其化学成分、流量、水温等动态指标在天然波动范围内相对稳定。矿泉水与纯净水相比，矿泉水含有丰富的锂、锶、锌、溴、碘、硒和偏硅酸等多种微量元素。饮用矿泉水有助于人体对这些微量元素的摄入，并可调节肌体的酸碱平衡，但饮用矿泉水应因人而异。由于矿泉水的产地不同，其所含微量元素和矿物质成分也不同，不少矿泉水含有较多的钙、镁、钠等金属离子，是永久性硬水，虽然水中含有丰富的营养物质，但用于泡茶效果并不佳。

4．纯净水

纯净水是蒸馏水、太空水等的合称，是一种安全无害的软水。纯净水是以符合生活饮用水卫生标准的水为水源，采用蒸馏法、电解法、逆渗透法及其他适当的加工方法制得，纯度很高，不含任何添加物，可直接饮用的水。用纯净水泡茶，其效果还是相当不错的。

5．活性水

活性水包括磁化水、矿化水、高氧水、离子水、自然回归水、生态水等品种。这些水均以自来水为水源，一般经过滤、精制和杀菌、消毒处理制成，具有特定的活性功能，并且有相应的渗透性、扩散性、溶解性、代谢性、排毒性、富氧化和营养性功效。由于各种活性水内含微量元素和矿物质成分各异，如果水质较硬，泡出的茶水品质较差；如果属于暂时硬水，泡出的茶水品质较好。

6．净化水

通过净化器对自来水进行二次终端过滤处理可制得净化水，净化原理和处理工艺一般包括粗滤、活性炭吸附和薄膜过滤等三级系统，能有效地清除自来水管网中的红虫、铁锈、悬浮物等，降低浊度、余氧和有机杂质，并截留细菌、大肠杆菌等微生物，从而提高自来水水质，达到国家饮用水卫生标准。但是，净水器中的粗滤装置要经常清洗，活性炭也要经常换新，时间一久，净水器内胆易堆积污物，繁殖细菌，形成二次污染。净化水易取得，是经济实惠的优质饮用水，用净化水泡茶，其茶汤品质是相当不错的。

无论用哪一类水泡茶，都要求洁净、甘甜、清冽、无异味；若是名茶鉴赏，择水则要挑剔，最好是所品茶产地的山泉水。

3.3.2　水质对茶汤的影响因素

水是茶叶滋味和内含有益成分的载体，茶的色、香、味和各种营养保健物质都要溶于水后才能供人享用。所以，饮茶与水是密不可分的。水质对茶汤的影响包含以下几个方面。

1．水的酸碱度

一般，泡茶用水的酸碱度 pH 值为 6.5～8.5。若 pH 值低于 6.5，则水的酸性太大，汤色变淡；若 pH 值高于 8.5，则水呈碱性，茶汤变黑。

2．水的硬度

水的硬度是反映水中矿物质含量的标准，会影响茶叶中茶多酚等成分的浸出率。软水中溶质含量较少，茶叶成分的浸出率高；硬水中矿物质含量高，茶叶成分的浸出率低，并且硬度大的水中钙、镁等矿物质含量高，还会引起茶多酚、咖啡碱等成分沉淀，造成茶汤变浑、茶味变淡。

3．水中氯离子浓度

水中氯离子浓度不超过 0.5 毫克/升，否则有不良气味，茶的香味会受到很大影响。水中氯离子多时，可先积水放一夜，然后烧水时保持沸腾2～3分钟。

4．水中氯化钠的含量

水中氯化钠的含量应在 200 毫克/升以下，否则咸味明显，对茶汤的滋味有干扰。

3.3.3　泡茶用水的处理

1．过滤法

购置理想的滤水器，将自来水经过过滤后，再来冲泡茶叶。

2. 澄清法

将水先盛在陶缸或无异味、干净的容器中，经过一昼夜的澄净和挥发，水质就较理想，可以冲泡茶叶。

3. 煮沸法

自来水煮开后，将壶盖打开，让水中的消毒药物的味道挥发掉，以保留没有异味的水质，这样泡茶较为理想。

泡茶用水在茶艺中是一重要项目，它不仅要合于物质之理、自然之理，还包含着中国茶人对大自然的热爱和高雅的神秘情趣。

3.4　茶叶的贮藏

茶叶属于易变性食品，贮藏方法稍有不当，便会在短时间里风味尽失，甚至即使贮藏得法，有些茶叶仍会在贮藏过程中逐渐失去茶的鲜香而陈味逐渐显露。要长期贮存茶叶，应了解影响茶叶品质的因素及保鲜与贮藏方法等两个方面的基础知识。

3.4.1　影响茶叶品质的因素

茶叶陈化、变质是茶叶中某些化学成分氧化、降解、聚合的结果，也可能是因为受到了异味污染或生物危害。影响化学变化的外部条件主要有温度、水分、氧气、光线等四个因素。生物危害包括微生物引起的霉烂变质和老鼠、蟑螂、白蚁等造成的危害。

1. 温度

氧化、聚合等化学反应与温度的高低成正比，温度越高，反应速度越快，茶叶陈化的速度也就越快。实验结果表明，温度每升高10℃，茶叶色泽褐变的速度就加快 3～5 倍。如果茶叶贮藏于 10℃以下的冷库，可较好地延缓褐变过程；而如果能干燥地存放于 −20℃ 的冷库，则几乎可以完全防止陈化变质。

2. 水分

水分是茶叶陈化过程中许多化学反应的必要条件。研究结果表明，当茶叶中的水分含量降到3%左右时，可有效地延缓脂质的氧化变质；而茶叶中的水分含量超过6%时，陈化速度急剧加快。防止茶叶水分含量偏高既要注意购入的茶叶水分不可超标，又要注意储存环境的空气湿度不可过高。因为茶叶有很强的吸湿性，如果空气湿度高，茶叶会吸湿引起霉变。

3. 氧气

氧气能与茶叶中的很多化学成分相结合而使之氧化变质。例如，茶叶中的儿茶素、维生素C、茶多酚、茶黄素、脂类物质均会氧化变质，所以茶叶最好能与氧气隔绝开，实行抽真空贮藏或充氮包装贮藏。

4. 光线

光的本质是一种能量，光线照射可以加速各种化学反应，从而对茶叶贮藏产生极为不利的影响，特别是紫外线的照射会使茶叶中的一些营养物质发生光化反应，产生令人不愉快的异味(日晒味)，故茶叶应避光贮藏。

3.4.2 茶叶保鲜与贮藏方法

茶叶的贮藏分为大容量茶的贮藏和家庭用茶的贮藏两大类，本节仅介绍适用于家庭和茶艺馆的茶叶贮藏方法。

1. 贮藏茶叶的基本要求

茶叶是疏松多孔物质，极易吸潮、吸附异味，故贮藏茶叶的基本要求是严格防止茶叶吸附异味并在干燥、低温、避光处贮藏。

2. 实用的茶叶贮藏方法

(1) 抽气真空贮藏法。这是近年来名茶贮藏的主要方法，可购买一台小型家用真空抽气机和一些镀铝复合袋(250克或 500克装)，将新购的茶叶分装入复合袋内，抽气后加上封口，然后再分品种装入纸箱，用一袋开一袋。这样的贮藏方法最适合于茶艺馆。操作得当，有效保存期为两年，如果抽真空后冷藏，可保存两年以上。

(2) 密封贮藏法。如果没有真空抽气机，则可买一台小型手动封口机，用镀铝复合袋或双层塑料袋装好茶叶后即封口，茶叶水分在4%以下时可存放一年。若封口后放在家庭冰箱的下层冷藏室内，那么即使放上一年，茶叶仍然芳香如初，色泽如新。

(3) 罐贮法。本方法是采用目前市售的各种专用茶叶纸罐、瓷罐、铁罐等，或用过的原放置其他食品的马口铁罐，在清洗干净去除异味后也可用来装茶。装茶时最好先内套一个极薄的塑料袋。每罐中可放入 1～2 小包干燥的硅胶，装好后加盖密封，贴上标签，注明品种、生产日期(或采购日期)存放于阴凉避光处。

(4) 塑料袋贮藏法。此法所用的塑料袋必须是食品包装袋，而不能用非食品包装袋，以高密度、高强度的塑料袋为好。包装时宜先用柔软干净的纸将茶叶包装好，然后再置入塑料袋中装好后可用绳子扎口，亦可用封口机封口。还有一种简易的封口法是取一把直尺，并点燃一支蜡烛，把塑料袋口叠至需封口处，放到烛光上方适当的高度缓缓移动，在高温下塑料即可软化粘合，达到封口的目的。

(5) 热水瓶贮藏法。利用家中暂时不用或多余的热水瓶来贮藏茶叶，热水瓶的瓶胆有极好的避光、保温、隔绝空气的性能，放入茶叶后，加盖封存，也是家庭贮藏茶叶简易而实用的好方法。

在家庭中经常要取用的茶叶宜用锡罐贮存，以方便随时取用。

第4章 茶艺礼仪与习茶手法

4.1 茶艺礼仪

中国为礼仪之邦，素有客来敬茶的习俗。人们在长期的茶艺活动中，逐渐形成了对人、对茶器表示尊重、敬意的行为规范和惯用手法。茶艺活动不主张繁文缛节，但和谐的礼仪动作和手法始终贯穿其中，将茶艺人员内心的精神、思想体现出来，同时也反映出茶艺人员良好的文化修养。

4.1.1 茶艺人员的仪态

1. 站姿

身体要端正，收腹、挺胸、提臀，眼前平视，下巴微收，嘴巴微闭，面带微笑，平和自然，双臂自然下垂或在丹田处交叉，右手放在左手上。女士站立时，双脚呈小丁字步状。男士站立时双脚微呈外八字状分开，双手可交叉放在背后。

2. 坐姿

入座时，略轻而缓，走到座位前面转身，右脚后退半步，左脚跟上，然后轻稳地坐下。最好坐在椅子的1/2或2/3处，穿长裙子的要用手把裙子向前拢一下。坐下后上身正直，头正目平，嘴巴微闭，脸带微笑。女士右手在上，双手虎口交握，置放面前桌沿，或者双

102

手交握放在小腹前。男士双手分开和肩等宽，半握轻轻搭在腿上。

站姿　　　　　　　　　　　坐姿

3．行姿

上身正直，目光平视，面带微笑；肩部放松，手臂自然前后摆动，手指自然弯曲；行走时身体重心稍向前倾，腹部和臀部要向上提，由大腿带动小腿向前迈进。茶艺人员在行走时要保持一定的步速，不要过急，否则会给客人不安静、急躁的感觉。步幅是每一步前后脚之间距离30厘米左右，一般不要求步幅过大，否则会给客人带来不舒服的感觉。

4．鞠躬

茶艺表演开始和结束，主客均要行鞠躬礼，有站式、跪坐式两种，且根据鞠躬的弯腰程度可分为"真礼"、"行礼"、"草礼"三种。"真礼"用于主客之间，"行礼"用于客人之间，"草礼"用于说话前后。

(1) 站式鞠躬。"真礼"以站姿为预备，然后将相搭的两手渐渐分开，贴着两大腿下滑，同时上半身由腰部起倾斜，头、背与腿呈近 90° 的弓形(切忌只低头不弯腰，或只弯腰不低头)，略作停顿，表示对对方真诚的敬意，然后，慢慢直起上身，表示对对方连绵不断的敬意，同时双手慢慢上提，恢复原来的站姿。"行礼"与"真礼"相同，只是头、背与腿约呈 120° 的弓形。"草礼"只需将身体向前稍作倾斜，两手搭在大腿根部即可，头、背与腿约呈 150° 的弓形，其余和"真礼"相同。

103

站式鞠躬－真礼　　　站式鞠躬－行礼　　　站式鞠躬－草礼

(2) 跪坐式鞠躬。"真礼"以跪坐姿为预备，背、颈部保持平直，上半身向前倾斜，同时双手从膝上渐渐滑下，全手掌着地，两手指尖斜相对，身体倾至胸部与膝间只剩一个拳头的空档(切忌只低头不弯腰或只弯腰不低头)，身体呈 45° 前倾，稍作停顿，慢慢直起上身。"行礼"方法与"真礼"相似，但两手仅前半掌着地(第二手指关节以上着地即可)，身体约呈 55° 前倾；行"草礼"时仅两手手指尖着地，身体约呈 65° 前倾。

4.1.2　茶艺中的常用礼节

1. 伸掌礼

这是茶艺表演中用得最多的示意礼。主人向客人敬奉各种物品时常用此礼，表示"请"与"谢谢"的意思。当两人相对时，可伸右手掌对答表示；若侧对时，右侧方伸右掌，左侧方伸左掌对答表示。

伸掌时将手斜伸向所敬奉的物品旁边，四指自然并拢，拇指自然内收，手掌向内凹。手腕要含蓄用力，动作不轻浮。行伸掌礼时应欠身点头微笑，一气呵成。

2. 叩手礼

将手弯曲，用几个指头轻叩桌面，以示谢谢。如长辈或上级给晚辈或下级斟茶时，下级和晚辈必须用双指作跪拜状叩击桌面两三下；如晚辈或下级为长辈或上级斟茶时，长辈或上级只需用单指叩击桌面两三下表示谢谢；如同辈之间敬茶或斟茶时，单指叩击表示我谢谢你，双指叩击表示我和我先生(太太)谢谢你，三指叩击表示我们全家人都谢谢你。

右掌行礼

3. 注目礼和点头礼

注目礼是眼睛庄重而专注地看着对方，点头礼即点头示意。这两个礼节一般在向客人敬茶奉上某物品时用到。

4. 奉茶礼

双手端起茶托，收至胸前；从胸前将茶杯端至客人面前，轻轻放下，伸出右掌，行伸掌礼，示意"请喝茶"。

奉茶

奉茶时注意先后顺序，先长后幼、先客后主。在奉有柄茶杯时，一定要注意茶杯柄的方向是客人的顺手面，即有利于客人右手拿茶杯的柄。如杯面画有图案，使用时，不论放在操作台上还是摆在奉茶盘上，都要正面朝向客人。

5. 寓意礼

寓意礼是指长期的茶事活动中形成的一些寓意美好祝福的礼仪动作。一般不用语言，宾主双方就可以进行沟通。

(1) 双手内旋。在进行回旋注水、斟茶、温杯、烫壶等动作时，单手回旋，右手按逆时方向，左手按顺时方向，寓意"来来来"，表示欢迎。

(2) "凤凰三点头"。用手提水壶高冲低斟反复三次，寓意对来宾的致意，以表示欢迎。

双手内旋

"凤凰三点头"

(3) 浅茶满酒。斟茶时只需七分即可，寓意七分茶三分情，茶满有欺客之意。

(4) 壶嘴侧置。水壶、茶壶嘴不能正对宾客，否则表示请客人赶紧离开。

6. 应答礼

在进行茶艺表演的过程中，要求与茶人之间进行交流时，亲切大方得体，敬字当头，注意礼节；对方行礼表示敬意时，一定要表示答谢，表现出一种高尚的茶道精神修养。

4.2 习茶手法

"习茶手法"是指持用各种泡茶用具的操作手法。掌握正确的手法，既可以避免在泡茶过程中烫手，又可以展现茶艺人员在泡茶过程中优雅大方的仪态。

4.2.1 茶巾的折取

1. 茶巾折叠

折叠茶巾的方法根据茶巾的形状不同而不同，可分为以下两种：

（1）长方形（八层式）：用于杯泡法或盖碗泡法。将正方形的茶巾平铺桌面，将茶巾上下对应横折至中心线处，接着将左右两端竖折至中心线，最后将茶巾竖着对折即可。折叠好的茶巾呈长方形放茶巾盘内，折口朝内。

长方形茶巾折叠方法

（2）正方形（九层式）：用于壶泡法，不用茶巾盘。将正方形的茶巾平铺桌面，将下端向上平折至茶巾2/3处，接着将茶巾对折，再将茶巾右端向左竖折至2/3处，最后对折即成正方形。将折好的茶巾折口朝内。

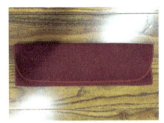

正方形茶巾折叠方法

2. 茶巾取用

取用茶巾时，要注意双手手背向上，虎口张开，用拇指和另外四指夹拿起茶巾；两手夹拿茶巾后转动手腕，顺势将茶巾放在左手掌呈托拿的样子，右手握住壶把，提起壶，将壶底托在左手的茶巾上，以防冲泡过程中出现滴洒。

正确的茶巾取用

4.2.2　茶具的持用

1. 持紫砂壶

(1) 单手持壶。一种是用右手中指勾住壶把，食指从壶把上方按住，拇指抵住壶把下方；另一种是用右手食指和中指捏住壶把，拇指伸直抵住盖钮，但要注意不要堵住盖钮上的气孔。

单手持紫砂壶(1)　　　　　单手持紫砂壶(2)

(2) 双手持壶。右手按照单手持壶的第一种方法持壶，左手中指轻轻托住壶底。

双手持紫砂壶

2．持茶盅

右手拇指、食指抓住壶提的上方，中指顶住壶提的中侧，其余二指并拢。

3．持茶则

右手持茶则柄部中央位置，盛取茶叶；持茶则时，手不能触及茶则上端盛取茶叶的部位；用后放回时动作要轻。

4．持茶匙

右手持茶匙柄部中央位置，协助茶则将茶拨至壶中；持茶匙时，手不能触及茶匙上端；用后用茶巾擦拭干净放回原处。

持茶则

持茶匙

5. 持茶夹

右手持茶夹的中央位置，夹取茶杯后在茶巾上擦拭水痕；持茶夹时手不能触及茶夹的上部；夹取茶具时，用力适中，既要防止茶具滑落、摔碎，又要防止用力过大损坏茶具；收茶夹时，应用茶巾擦去茶夹上的水迹。

6. 持茶漏

右手持茶漏的外壁放于茶壶壶口；手不能接触茶漏外壁；用后放回原位。

持茶夹

持茶漏

7. 持茶针

右手持针柄部，用针部疏通被堵塞的茶叶，刮去茶汤浮沫；持茶针时手不能触及到茶针的针部位置；放回时用茶巾擦拭干净后用右手放回。

持茶针

8. 持茶荷

用左手拇指与食指持茶荷两侧，其余手指托起。

9. 持茶叶罐

用左手持茶叶罐，然后双手持住茶叶罐的下部，左手中指和食指将罐盖打开；打开后，将罐盖交于右手放于桌上，左手持茶则盛取茶叶；将茶叶罐上印有图案及文字的一面朝向客人；持取时手勿触及茶叶罐内侧。

持茶荷　　　　　　　　　　　　持茶叶罐

4.2.3　润杯、温具、翻杯

1. 润杯

(1) 大茶杯。右手提开水壶，逆时针转动手腕，令水流沿茶杯内壁冲入，约总量的 1/3 后右手提腕断水；逐个注水完毕后开水壶放回原位。右手掘茶杯基部，左手托杯底，右手手腕逆时针转动，双手协调令茶杯各部分均匀受热，然后将热水倒入水盂，轻轻放下茶杯。

温小杯

(2) 小茶杯。右手提壶，用往返斟水法或循环斟水法向各杯内注入开水至满，壶复位；右手拇指、食指和中指端起一只茶杯侧放到邻近一个杯中，用无名指勾动杯底如"招手"状拨动茶杯，令其旋转，使茶杯内外均匀受热，复位后取另一茶杯再温，直到最后一个茶杯，然后将杯中水轻荡后倒入茶盘或茶船。

2. 温具

(1) 温壶。

① 开壶。右手拇指、食指与中指捏住壶盖的壶钮，揭开壶盖，

提腕依半圆形轨迹将其放在茶船上。

② 注汤。右手提开水壶，按逆时针方向回转手腕一圈低斟，使水流沿圆形的茶壶口冲入，然后提腕令开水壶中的水高冲入茶壶，待注水量为茶壶总容量的 1/2 时复压腕低斟，回转手腕一圈并用力令壶流上翘，令开水壶及时断水，轻轻放回原处。

③ 加盖。左手完成，将开盖顺序颠倒即可。

④ 荡壶。右手三指握茶壶，左手辅助，双手协调按逆时针方向转动手腕，令茶壶壶身各部分充分接触热水，将冷气涤荡无存。

⑤ 倒水。根据茶壶的样式以正确手法提壶将水倒入茶船。

开壶

注汤

加盖

温壶

荡壶

倒水

(2) 温盖碗。

① 斟水。碗盖反放着，近身侧略低且与碗内壁留有一个小缝

隙。提开水壶逆时针向盖内注开水，待开水顺小隙流入碗内约 1/3 容量后，右手提腕令开水壶断水，开水壶复位。

② 翻盖。右手取茶匙插入缝隙内；左手手背向外护在盖碗外侧，手掌轻靠碗沿，右手用茶匙由内向外拨动碗盖，左手拇指、食指与中指随即将翻起的碗盖正盖在碗上。

③ 烫碗。右手虎口分开，拇指与中指搭在内外两侧碗身中间部位，食指屈伸抵住碗盖盖钮下凹处；左手托住碗底，右手手腕呈逆时针运动，双手协调令盖碗内各部位充分接触热水后，放回茶船。

④ 倒水。右手提盖钮将碗盖靠右侧斜盖，即在盖碗左侧留一小隙，让水从盖碗左侧小缝隙中流进茶船。

掷水

翻盖(1)

翻盖(2)

翻盖(3)

烫碗

倒水

3. 翻杯

(1) 有柄杯。右手虎口向下、手背向左、食指插入杯柄环中，用拇指与食指、中指三指捏住杯柄。左手手背朝上用拇指、食指与中指轻扶茶杯右侧基部。双手同时向内转动手腕，茶杯翻好轻置于杯托或茶船上。

(2) 无柄杯。右手虎口向下，手背向左握住茶杯的左侧基部，左手位于右手手腕下方，用拇指和虎口部位轻托茶杯的右侧基部；双手同时翻杯并捧住茶杯，轻轻放下。如果是很小的茶杯，则可单手动作左右手同时翻杯，即手心向下，用拇指与食指、中指三指扣住茶杯外壁，向内转动手腕使杯口朝上，然后轻轻将翻好的茶杯置于茶船上。

翻杯

4.2.4 取茶、投茶

1. 取茶

(1) 茶荷、茶匙法。左手横握已开盖的茶叶罐，开口向右移至茶荷上方；右手以大拇指、食指及中指三指手背向下捏茶匙，伸进茶叶罐中将茶叶轻轻扒出拨进茶荷内；目测估计茶叶量，认为足够后，用茶匙反上挑，将茶叶罐边沿的茶叶拨回罐里；左手将茶叶罐竖起，用右手将茶匙搁放在茶荷上，把茶叶罐盖好放回原处；右手重拾茶匙，从左手托起的茶荷中将茶叶分别拨进冲泡用具中。在名优绿茶冲泡时常用此法取茶样。

(2) 茶则法。左手握住已开盖的茶叶罐，右手用大拇指、食指与中指三指捏住茶则柄插入茶叶罐，手腕向内旋转取出茶叶；左手应配合右手向外旋转手腕，令茶叶疏松易取；茶则取出的茶叶直接投入冲泡用具，然后将茶则放入茶道组中，再将茶叶罐盖好放回原来的位置。此法可用于多种茶冲泡。

茶则法取茶

(3) 茶荷法。左手横握已开盖的茶叶罐，凑到茶荷边，手腕用力令其来回滚动，茶叶缓缓散入茶荷，再把茶叶直接投入泡茶用具；或将茶荷放到左手(掌心朝上，虎口向外)，令茶荷口朝向自己并对准泡茶用具壶口，右手取茶匙将茶叶拨入泡茶用具。足量后右手将茶匙放入茶道组中，两手合作将茶叶罐盖好放下。这一手法常用于乌龙茶泡法。

2.　投茶

投茶的方法一般分为三种：上投法、中投法、下投法。不同茶叶，由于其外形、质地、比重、品质成分含量及其溶出速率不同，要求的投茶方法也不同，应做到投茶有序。不同季节，由于气温和茶冷热不同，投茶方式也应有所区别，一般可采用"秋中投，夏上投，冬下投"的原则。

(1) 上投法。在温好的杯中注入七分满的热水后再放入茶叶，即为上投法。

上投法

(2) 中投法。在温好的杯中注入约1/3的热水后放入茶叶，浸泡一两分钟后，再往杯中注入热水，即为中投法。

中投法

(3) 下投法。先在温好的杯中投入适量的茶叶，再注入七分满的热水，即为下投法。

下投法

身骨重实、条索紧结、芽叶细嫩、香味成分含量高以及品质中对香气和汤色要求高的各类名茶，可用上投法。条形松展、比重轻、不易沉入水中的茶叶，宜用中投法或下投法。

4.2.5　冲泡

冲泡时的动作要领是：头正身直、目不斜视；双肩齐平、抬臂沉肘。常见的冲泡手法有如下几种。

1. 单手回转

要求右手提开水壶，手腕逆时针回转，让水流沿茶壶口内壁冲入茶壶内。

2. 双手回转

此法适用于提拿较沉的开水壶。要求双手取茶巾置于左手手指部位，右手提壶，左手垫茶巾部位托在壶底；右手手腕逆时针回转，让水流沿茶壶口内壁冲入茶壶内。

3. 回转高冲低斟

乌龙茶冲泡时常用此法。要求先用单手回转法，右手提开水壶注水，让水流先从茶壶壶肩开始，逆时针绕圈至壶口、壶心，提高水壶令水流在茶壶中心处持续注入，直至七分满时压腕低斟，水满后提腕断水。淋壶时也用此法，水流从茶壶壶肩、壶盖、盖钮，逆时针打圈浇淋。

4. "凤凰三点头"

要求手提水壶高冲低斟，右手提壶靠近茶杯口流水，再提腕使开水壶提升，接着将开水壶靠近茶杯口继续注水，如此反复三次，注入七分满后提腕断流收水。

4.2.6　品茗

1. 盖碗品茗

右手端住茶托右侧，左手托住底部端起茶碗；右手用拇指、食指、中指捏住盖钮掀开盖；右手持盖至鼻前闻香。左手端碗，右手持盖向外撇茶三次，以观汤色。右手将盖倾斜盖放碗口；双手将碗端至嘴角啜饮。

2. 闻香杯与品茗杯品茗

(1) 闻香杯与品茗杯翻杯技法。左手扶茶托，右手端品茗杯反扣在盛有茶水的闻香杯上。右手用食指、中指反夹闻香杯，拇指抵在品茗杯上(手心向上)；内旋右手手腕，使手心向下，拇指托住品茗杯；左手端住品茗杯，然后双手将品茗杯连同闻香杯一起放在茶托右侧。

闻香杯与品茗杯翻杯

(2) 闻香与品茗。右手旋转闻香杯后提起，使闻香杯中的茶倾入品茗杯，右手提起闻香杯后握于手心，左手斜搭于右手外侧上方闻香，使杯中的香气集中进入鼻孔。

闻香

右手虎口分开，拇指和食指握品茗杯两侧，中指抵住杯底，无名指及小指自然弯曲，称"三龙护鼎法"。男性单手端杯，女性可以使无名指与小指微外翘呈兰花指状，左手必须托住杯底。

"三龙护鼎法"

第5章 茶艺表演实训

【实训目标】

(1) 掌握六大茶类的基本冲泡程序。

(2) 掌握六大茶类冲泡的技法要领、行茶方法。

【实训要求】

(1) 掌握翻杯、润杯、摇香等手法。

(2) 熟练运用玻璃杯、盖碗、瓷壶、紫砂壶等容器泡茶。

(3) 熟练运用翻杯、温杯、低斟高冲、回旋斟水、"凤凰三点头"、揭盖闻香等技法。

5.1 绿茶茶艺

绿茶是我国历史悠久、品种最多的一类茶，产量大，消费面广。采用茶树新梢的芽、叶、嫩茎经过鲜叶摊放、杀青、揉捻、干燥等工艺制成的绿茶未经发酵，香气清鲜，滋味鲜爽，具有一嫩三绿的特点，即茶芽嫩、外形绿、汤色绿、叶底绿。

我国的名优绿茶品种繁多，以西湖龙井、洞庭碧螺春、六安瓜片、黄山毛峰、都匀毛尖、信阳毛尖等最负盛名。

5.1.1　绿茶的冲泡技巧

绿茶属于未发酵茶类，质地细嫩，茶汤易浸出，冲泡时宜快忌慢。特别是名优绿茶，柔弱娇贵，需小心防止闷坏了茶。

(1) 茶具首选玻璃杯。冲泡名优绿茶时，为了能够充分欣赏茶相、汤色和叶底，并且防止水温过高闷坏了茶，常选用透明玻璃杯来冲泡。普通绿茶，如眉茶、珠茶等，观赏价值较低，且较耐冲泡，常选用瓷质茶杯冲泡。瓷杯较玻璃杯保温性更好，使得茶叶中的有效成分更易浸出。

(2) 冲泡方法因茶而异。外形松散的名优绿茶，如碧螺春、都匀毛尖等，宜采取上投法冲泡。即先在洁净的玻璃杯中注入七分满75～80℃ 的开水，然后用茶匙取适量茶投入杯中，芽叶即会以不同的优美姿态下沉。中投法即先将 85～90℃ 的热水注入玻璃杯至三分满，再投入适量干茶，待干茶吸水伸展开后，再用"凤凰三点头"手法冲水至七分满。茶形比较紧洁光滑或有鱼叶保护的名优绿茶，如龙井、金坛雀舌、黄山毛峰、午子仙毫、竹叶青等，宜用此法冲泡。 因茶先入杯，在冲水时茶叶随水浪上下翻腾，徘徊飘舞，如游鱼戏水，非常美观。下投法也能达到这种效果，即先在玻璃杯中投入适量绿茶，浸润后，冲水至七分满即可。

(3) 泡茶水温为 75～85℃。因茶性不同，不同品种的绿茶对水温要求差别很大。例如：冲泡碧螺春水温在 75℃ 左右就足够了，龙井一般要 80～85℃，而黄山毛峰因有鱼叶保护，所以要求用100℃ 的沸水冲泡。

(4) 续水技巧。绿茶一般冲泡三道。第一泡"头开茶"，重点在赏茶舞。"头开茶"饮至约 1/3 杯时，即要及时续水到七分满，太迟续水会使"二开茶"茶汤淡而无味。品"二开茶"时，滋味最浓醇，"二开茶"饮剩小半杯时即应再次续水，即为"三开茶"。

5.1.2　绿茶茶艺表演操作流程

(1) 备具。准备无刻花透明玻璃杯(根据品茶人数而定)、茶叶罐、开水壶(煮水器)、茶荷、茶匙、茶巾、水盂。

(2) 赏茶。用茶匙从茶叶罐中轻轻拨取适量茶叶入茶荷,供客人欣赏干茶外形及香气,根据需要,可用简短的语言介绍一下即将冲泡的茶叶品质特征和文化背景,以引发品茶者的兴趣。

因绿茶干茶细嫩易碎,因此,从茶叶罐中取茶入荷时,应用茶匙轻轻拨取,或轻轻转动茶叶罐,将茶叶倒出。禁用茶则盛取,以免折断干茶。

(3) 洁具。将玻璃杯一字摆开,或呈弧形排放,依次注入 1/3 杯的开水,然后从左侧开始,右手捏住杯身,左手托杯底,轻轻旋转杯身,将杯中的开水依次倒入水盂。

当面清洁茶具既是对客人的礼貌,又可以让玻璃杯预热,避免正式冲泡时炸裂。

(4) 置茶。用茶匙将茶荷中的茶叶一一拨入茶杯中待泡。每 50 毫升容量用茶1克。

(5) 浸润泡。将开水壶中适度的开水倾入杯中,水温控制在80~85℃,注水量为茶杯容量的1/4左右,注意开水柱不要直接浇在茶叶上,应打在玻璃杯的内壁上,以避免烫坏茶叶。此泡时间掌握在15秒以内。

(6) 冲泡。执开水壶以"凤凰三点头"手法高冲注水,使茶杯中的茶叶上下翻滚,有助于茶叶内含物质浸出,茶汤浓度达到上下一致。一般冲水入杯至七成满为止。

(7) 奉茶。右手轻握杯身(注意不要捏杯口),左手托杯底,双手将茶送到客人面前,放在方便客人提取品饮的位置。茶放好后,向客人伸出右手,做出"请"的手势,或说"请品茶"。

(8) 品茶。可先端杯闻香,接着观察茶汤颜色,或黄绿碧青,或淡绿微黄,或乳白微绿,还可见到有微细茸毫在水中游弋,闪闪发光,此乃是名优绿茶的一大特色。尔后,端杯小口品啜,尝茶汤滋味,缓慢吞咽,让茶汤与味蕾充分接触,领略名优绿茶的风味。品茶"头开茶",重在品尝绿茶的鲜味和茶香;品尝"二开茶",重在品尝绿茶的回味和甘醇。

(9) 收具。将其他用具收入茶盘，撤回。

5.1.3　绿茶茶艺表演示范

1. 西湖龙井茶艺表演

主要用具：玻璃杯

茶叶选用：狮峰龙井

音乐选配：《高山流水》

解说词：

"天下西湖三十六，杭州西湖最明秀。"杭州西湖三面云山一面城，水光敛艳百媚生，这里受钱塘江朝云暮雨的滋润，得吴越灵山秀水的精华，所产的龙井茶集"色绿、香郁、味甘、形美"四绝于一身，曾被清代乾隆皇帝赐封为"御茶"。新中国成立之后开国总理周恩来把西湖龙井和茅台酒、中华烟列称为招待贵宾的"三大国宝"。今天我们就请各位嘉宾品一品驰名中外的西湖龙井茶。

第一道：焚香除妄念。自古文人认为龙井茶是润泽心灵的琼浆，澡雪心性的甘露，所以在品茶前要点上一支香，可使人心平气和，妄念不生。

第二道：冰心去凡尘。龙井茶是至清至洁，天涵地育的灵物，泡茶时要求所用的器皿也必须至清至洁。冰心去凡尘，就是把本来就很干净的玻璃杯再烫洗一遍，以示对嘉宾的尊敬。

第三道：玉壶养太和。因为我们所冲泡的西湖龙井茶极其细嫩，若直接用开水冲泡易烫熟茶芽，会造成熟汤失味。所以要打开壶盖，让水温降到85℃左右，这样冲泡龙井才可达到色绿、香郁、茶汤鲜爽甘美的要求。

第四道：清宫迎佳人。苏东坡有诗云："戏作小诗君一笑，从来佳茗似佳人。"他把优质名茶比喻成让人一见倾心的绝代佳人。"清宫迎佳人"即用茶匙轻柔地把茶叶投入到玻璃杯中。

第五道：甘露润莲心。乾隆皇帝把细嫩的龙井称为"润心莲"。冲泡特级龙井宜用中投法，即在投茶后要先向杯中注入少许热水，待润茶闻香后再正式冲泡。

第六道："凤凰三点头"。即冲水时手持水壶有节奏地三起三落而水流不间断。这种冲水的手法被形象地称为"凤凰三点头"，表示向嘉宾点头致意。

第七道：观音捧玉瓶。即向客人奉茶，祝好人一生平安。

第八道：春波展旗枪。也称为"杯中看茶舞"，这是龙井茶茶艺的特色程序。杯中的热水染上了生命的绿色，茶芽在热水中逐渐苏醒，舒展开它美妙的身姿，尖尖的茶芽如枪，展开的叶片如旗。一芽一叶称为旗枪，两叶抱一芽称为雀舌。有的茶芽簇立在杯底，如同佳人立在水中央；有的茶芽欹依在杯底，如春兰初绽。杯中动静相宜，十分生动有趣。

第九道：慧心悟茶香。品饮龙井要一看、二闻、三品味。观赏了杯中的茶舞之后，我们在品甘露味之前，要先闻圣妙香。龙井茶的香为豆花香，香气清幽淡雅。乾隆皇帝闻香后曾诗兴大发说："古梅对我吹幽芳。"让我们用心去感悟龙井茶这来自天堂，可以启人心智、通人心窍的圣妙香。

第十道：淡中品至味。品龙井茶，"一漱如饮甘露液，啜之泠泠馨齿牙"。清代著名茶人陆次云形容说："龙井茶，甘香而不洌，啜之淡然，似乎无味，饮过之后，似有一股太和之气弥散于齿颊之间。此无味之味，乃至味也！"现在请大家慢慢啜，细细品，让龙井茶的太和之气，沁入我们的肺腑，使我们益寿延年。让龙井茶无味的至味，启迪我们的心灵，使我们对生活有更深刻的感悟！

我们的龙井茶茶艺到此告一段落，接下来请大家继续细品慢啜，用闲适的心情，去怡然自得地感悟品茶地至美天乐。谢谢！

2. 南岳云雾茶茶艺表演

主要用具：白瓷盖碗三个

茶叶：南岳云雾茶

音乐选配：《仙山谣》

解说词：

一声来自云间的问候，一杯生于云雾的绿茶。亲爱的朋友们，大家好！今天由我陪各位共享南岳云雾茶茶艺。这是今年的明前南岳云雾茶，它来自素有"五岳独秀"之称的南岳衡山，是中华五岳中唯一的贡茶。

自唐代开始，生长在 800 里南岳 72 峰之中的云雾茶就是尊贵的贡茶。"岳云"是王夫之在湘西草堂的伴侣，船山先生为她留下了《衡岳采茶十章》的佳话。"岳云"穿越千年的守候，款款而来，向各位展示仲春时节、绿意盎然的喜悦。

　　让我们在南岳云雾特有的沉香萦绕中，品味岁月静好的鲜爽清新。

　　第一道：备具——佳茗妙器总相和。今天所选用的泡茶器具是白瓷盖碗，盖碗又称为"三才杯"，盖为天，杯为人，托为地，是为天地人，也喻为品茶时天地人合一才能品出茶的真味；茶荷，用于鉴赏干茶；茶道组合，有茶匙和茶针，为泡茶的辅助用具；随手泡、茶洗、茶巾。

　　第二道：备水——铁佛童子泉声沸。佳茗蕴香，借水而发。水是茶复活的杯中的源泉，南岳衡山品质最好的水是铁佛寺的童子泉。

　　第三道：拨茶——碧云引风在毗卢。从茶罐中，用茶匙拨取适量南岳云雾茶入茶荷。

　　第四道：赏茶——灵草仙姿报春来。南岳云雾茶条索细紧微曲，银毫贴身，清香馥郁。

　　第五道：温盖碗——温润展怀待佳茗。白瓷盖碗迎接童子泉的热情润泽。壶中正是来自南岳衡山铁佛寺童子泉中的上佳之水。

　　第六道：置茶——春风玉叶会仙桥。将茶荷里的南岳云雾茶轻轻拨入盖碗中。

　　第七道：浸润泡——逢春吸露天颜顺。将 85℃ 的童子泉水注入盖碗中，以盖住茶叶为宜。

　　第八道：摇香——颔首温情待香来。在童子泉的呼唤下，南岳云雾茶初绽，缓缓释放犹抱琵琶半遮面的云雾高香。

　　第九道：冲泡——飞泉自香银毫醉。茶叶在泉水的呼唤下苏醒，冲泡后的南岳云雾茶，叶尖朝上，翠绿匀润，斜展如旗，香气浓郁。

　　第十道：奉茶——玉碗新泉寄烟霞。现在将这杯生长在高山云雾中的佳茗奉给各位。

第十一道：品茶——举杯邀月品云雾。南岳云雾茶醇厚甘爽、嫩香持久、沁人心脾，饮后口舌含香。

第十二道：收具——独秀南山相笑归。各位朋友，今天的南岳云雾茶茶艺就到这里了。祝愿各位在《仙山谣》的祝福声中，禅意地拥抱人生，福寿双全。

5.2 黄茶茶艺

黄茶属于轻微发酵茶。黄茶的生产加工工艺与绿茶很相似，只是多了一道"闷黄"的工艺，使得黄茶具有黄汤黄叶、香气清悦、滋味醇爽的品质特点。黄茶依据原料的嫩度细分为黄芽茶、黄小茶和黄大茶三类，具有"清六经之火，通七窍之灵"的保健功效。

5.2.1 黄茶的冲泡技巧

黄茶与绿茶的茶性相似，所以在冲泡品饮时，可参照绿茶的方法。君山银针、蒙顶黄芽等均由单芽加工制成，属于黄芽茶类，宜用玻璃杯泡饮；沩山白毛尖、鹿苑毛尖、北港毛尖等是用一芽一、二叶的茶青加工而成的，属于黄小茶类，亦可用玻璃杯泡饮；而广东大叶青、霍山黄大茶、皖西黄大茶等均由一芽三、四叶，甚至是一芽五叶的粗大新梢加工而成，其茶形外观不雅，且冲泡时要求水温较高，保温时间也较长，所以宜用瓷壶冲泡后斟入茶杯再饮。

在冲泡黄芽茶时，蒙顶黄芽、霍山黄芽可用 75～85℃ 的开水冲泡。君山银针虽然也是黄芽茶，但是冲泡的方法却不相同。君山银针是最具观赏价值的名茶之一，为了观赏它在玻璃杯中冲泡后的美妙茶相，在冲泡时要用 95℃ 以上的开水冲泡，并且在冲入开水后要立即盖上一片玻璃片。因为君山银针茶芽肥壮、茸毛厚密，如果冲泡时水温低于 95℃，则茶芽很难迅速吸水竖立并下沉，而是较长时间卧浮于水面，既不美观，又影响茶艺表演的节奏。只有用95℃ 以上的开水冲泡并加上玻璃盖，茶芽才会在 3 分钟左右均匀吸水，先是竖立悬浮在水面上层，随波晃动，如同"万笔书天"，而后徐徐下沉，但仍然直立于杯底，好似"春笋破土"。茶芽在开水冲泡后，芽尖会产生晶莹的小气泡，如"雀舌含珠"，在气泡浮力的作用下，茶芽会三浮三沉，蔚为奇观。最后开启玻璃杯盖时，可以看到一缕白雾从杯中冉冉升起，缓缓飘散消失，会使人产生"仙鹤飞天"的联想。君山银针在杯中的奇妙变幻，以及它那清悠淡雅的茶香和清醇鲜爽的茶韵都会给人带来一种空灵、清新、平和的美感，使人的精神为之升华。

5.2.2 黄茶茶艺表演操作流程

(1) 备具。准备无刻花直筒形透明玻璃杯、杯托、杯盖、赏茶盘、茶叶罐、茶匙、烧水炉具。

(2) 赏茶。用茶匙取出少量黄茶，置于赏茶盘中，供宾客观赏。

(3) 置茶。取黄茶约3克，放入茶杯中待泡。

(4) 高冲。用水壶将70℃左右的开水，先快后慢地冲入茶杯1/2处，使茶芽湿透。稍后，再冲至七分满。

(5) 品饮。在水和热的作用下，茶芽渐次直立，上下沉浮，茶尖挂着晶莹的气泡，是其他茶冲泡时罕见的。大约10分钟后，就可以品饮了。

(6) 收具。把用具收入茶盘，撤回。

5.2.3 黄茶茶艺表演示范

主要用具：无刻花直筒形玻璃杯两个，托盘一个，酒精炉壶一套，茶荷一个，茶道一套，茶巾一条

茶叶：君山银针

音乐选配：《从来佳茗似佳人》

解说词：

君山银针茶产于湖南岳阳君山，君山银针茶在1956年参加德国莱比博览会，因芽头肥硕坚实，"芽身黄似金，茸毫白如玉"而获金质奖章，享有"茶盖中华，价压天下"之盛誉。君山银针茶因其

深厚的文化底蕴和在冲泡时所呈现的杯中奇观，被省会长沙、古城岳阳的许多专业的茶艺队选为表演用茶，成为推介湖南茶叶和湖南文化的最佳渠道之一。君山银针茶艺不仅使人们领略到君山银针传奇品质的精髓，还展示了君山茶文化博大精深的忧乐情怀。君山银针茶艺表演的主要步骤如下：

第一道：鉴赏银针。在众多品目名茶中，有一种特殊的茶类，与绿茶近而外裹黄色茸毫；芽头均一，粗壮，重实挺直，芽身金黄，银毫满披，外形十分独特。取茶荷承装茶叶，展示给宾客观赏。

第二道：芙蓉出水。茶叶是至纯至洁之物，君山银针乃茶中之珍品。用清澈明净的泉水洗净双手，用手指轻拨水面，犹如芙蓉出水，然后轻轻洗涤茶具，达到净化心灵的境界。

第三道：湘妃洒泪。君山银针采用透明的玻璃杯冲泡。冲泡前为了提高杯温和清洁茶具，需用热水烫杯。当壶中的水凄凄生生落入杯中，会再次感受到4000多年前舜帝的两位妃子在君山扶竹痛哭的一幕。

第四道：龙泉吐珠。君山银针精茗蕴香，借水而发。首先需要备一壶上好泉水，用旺火烧煮。当泉水在晶莹透亮的石英壶中沸腾时，犹如洞庭湖中龙王吐出的一串串银色的珍珠。水温以初沸为佳，温度太低，则茶芽竖立所需时间过长，不利于观赏。

第五道：银针初探。此道意为干茶鉴赏。君山银针采用茶树单个嫩芽，经10道工序历时4天时间制成，外形匀直整齐，银毫满披，芽身金黄，素有"金镶玉"之美称。

第六道：针落无声。此道称为"投茶"。君山银针采用透明的玻璃杯冲泡，每杯投放干茶4克左右。用竹制的茶夹将君山银针拨入杯中，当根根银针落入杯底时悄然无声，宛如娥皇、女英为夫奔丧时乘船到洞庭湖，船被风浪打翻而沉入湖底。

第七道：湖边听涛。此道为冲泡君山银针。采用"凤凰三点头"的手法冲水至七分满，银针翻腾于水面，恰似随水涨落，时起时伏的君山岛。"茶顷涛声卷浪花，孤舟晚泊天之涯。岳阳楼头无事做，洞庭水试君山茶。"这是清代王文治著写的名句。当水流声声入耳时，仿佛置身于洞庭湖或君山岛上，侧耳倾听湖水拍岸之声。

第八道：风平浪静。当沸水冲入杯中后，用玻璃片将茶杯盖住，保持水温。银针茶静卧于水面，又如宁静湖面上的小舟。稍过片刻茶芽吸水后慢慢竖立，呈现悬垂状态有如一支支毛笔书向天空。请各位来宾保持一份平和的心情耐心等候。

第九道：竹林摇曳。轻摇茶杯，竖立于水面的茶芽犹如湖风吹拂下的君山竹苑。伴着优雅的音乐，似清风拂面，更是当年二妃对爱情的坚贞不渝而落泪斑竹的轻声哭泣，泪水化为思念，烙在竹身，即使是几千年来的风霜也历历在目。

第十道：白鹤飞天。将杯盖轻轻移去，一缕水气从杯中升起，犹如白鹤翩翩起舞。

第十一道：春色满园。当银针开始下沉后，芽头分布于整个玻璃杯中，呈现春色一片。其中部分芽头忽上忽下，时起时落，称为"三起三落"，茶水相映，蔚为奇观。

第十二道：雀舌含珠。一些银针茶芽吸水后，在微开的芽尖中形成晶莹剔透的气泡，恰似珍珠含在雀鸟的嘴中，雅称"雀舌含珠"。

第十三道：群笋出土。银针茶下沉到杯底后，芽尖朝上，叶柄向下直立于杯底，好似春笋出土，一片生机盎然。

第十四道：珍茗品饮。"一杯银针暂留客，两腋清风几欲仙。"银针茶不仅具有极高的观赏价值，而且品质上乘，香气清郁，滋味鲜爽，甘醇甜和，饮后口舌留甘，清香永驻。

第十五道：收杯谢茶。饮茶能为您注入活力，增强您的信心，您的成功可能就在品茶的一瞬间。

5.3 白茶茶艺

白茶是我国的特产，主产于福建，属于轻微发酵茶类，其品质特征是干茶的表面密布白色茸毫，而形成这种特征的原因有二：其一是以茶芽多毫的茶树品种(如福鼎大白菜、政和大白茶、水仙等)的幼嫩芽叶制成;其二是加工时不炒、不揉,而是用晾晒或烘干的特殊加工工艺。白茶茶性清凉降火,汤色杏黄清澈明亮,香气清悠鲜嫩高雅,滋味醇爽清甜,故有"清茶"之称。

5.3.1　白茶的冲泡技巧

白茶的冲泡方法与绿茶基本相同,但因其未经揉捻,且白毫披身,茶汁不易浸出,冲泡的水温应较高,冲泡时间宜较长,冲水后一般过 5～6 分钟茶芽才会慢慢沉底,过 8 分钟左右饮用,才能品到白茶的本色、真香和全味。

5.3.2　白茶茶艺表演操作流程

(1) 备具。准备无刻花直筒透明玻璃杯,准备杯托、茶叶罐、茶匙、赏茶盘、烧水炉具。

(2) 赏茶。用茶匙取出白茶少许,置于茶盘,供宾客欣赏干茶的形与色。

(3) 置茶。取白茶 2 克,置于玻璃杯中。

(4) 浸润。冲入少量开水,让杯中茶叶浸润 10 秒左右。

(5) 泡茶。随即用高冲法,按同一方向冲入开水 100～120 毫升,一般七分满为宜。冲泡开始时,茶芽都浮在水面,5～6 分钟后,才有部分茶芽沉落杯底,大约 10 分钟后,茶汤呈橙黄色。

(6) 奉茶。有礼貌地用双手端杯并奉给宾客饮用。

(7) 品茶。白茶外形芽毫完整,满身披毫,毫香清鲜,汤色黄绿清澈,滋味清淡回甘。

(8) 收具。

5.3.3　白茶茶艺表演示范

主要用具:直筒透明玻璃杯

茶叶选用:白毫银针

音乐选配:《汉宫秋月》

解说词：

福鼎白毫银针，白如云、绿如梦、洁如雪、香如兰，其性寒凉，是清心涤性的最佳饮品。品饮白毫银针尤应摒弃功利之心，以闲适无为的情怀，细细品味白毫银针的本味、真香、妙韵，同时把品茶视为修身养性的途径，用心去体贴茶，让心灵与茶对话，努力使自己达到醍醐灌顶的境界，品出白毫银针中的物外高意。

第一道：焚香——天香生虚空。一缕青烟，悠悠袅袅，一瓣心香，直达天庭。香烟能把我们的心带到空灵虚静，涤除玄鉴的境界，这是品茶的理想境界。

第二道：鉴茶——万有一何小。一花一世界，一叶一菩提，从小中可见大，用这种心境鉴茶，看重的不是茶的色、香、味、形，而是重在探求茶中包含的大自然气息。

第三道：涤器——空山新雨后。杯如空山，水如新雨，意味深远。

第四道：投茶——花落知多少。用茶匙把茶荷中的茶叶拨入茶杯，茶叶如闲庭落花，飘然而下，故曰：花落知多少。

第五道：冲水——泉声满空谷。借此形容冲水如空谷鸣泉，水声悦耳。

第六道：赏茶——池塘生春草。在冲泡白毫银针时，开始茶芽浮于水面，在热水的浸润下，茶芽逐渐舒展开来，吸收了水分后纷纷沉入杯底。此时茶芽条条挺立，像水底春草刚刚萌发的嫩芽一样，在碧波中婆娑起舞。

第七道：闻香——谁解助茶香。万千茶人都爱闻茶香，但又有几个人能说得清、解得透茶那神秘的生命之香——大自然之香呢？

第八道：品茶——努力自研考。品茶重在探求茶道奥义，重在品味人生、拥抱自然、契悟大道。

我们的茶艺到此告一段落，接下来请各位嘉宾自由品茶。谢谢！

5.4　乌龙茶(青茶)茶艺

乌龙茶(青茶)从外观上看属于叶茶类，从加工工艺上看属于半发酵茶。乌龙茶(青茶)具有绿茶的鲜灵清纯，红茶的醇厚甘爽，花茶的浓郁芳香，集众美于一身，自成大家气度。

5.4.1 乌龙茶(青茶)的冲泡技巧

1. 沸水冲泡法

乌龙茶(青茶)的原料采摘较迟，要等到茶树新发的嫩芽抽成枝条，长到顶端出现驻芽后，才将枝梢的驻芽连同 2～3 片嫩叶采回加工，所以干茶的外形条索粗壮肥厚紧实，茶叶内含有的各种营养成分较丰富，冲泡后香高而持久，味浓而鲜醇，回甘快而强烈。它的冲泡要领有以下四点：

(1) 择器很讲究。想要领略乌龙茶(青茶)的真香和妙韵，必须要有考究而配套的茶具。待客时冲泡器皿最好选用宜兴紫砂壶或小盖碗(三才杯)。杯具最好用极精巧的白瓷小杯(又称若琛瓯)或用闻香杯和品茗杯组成对杯。选壶时要因人数多少来选择，一个人应选"得神壶"，两个人应选"得趣壶"，人多时则应选较大的"得慧壶"。壶以年代久远的宜兴老壶为佳。

(2) 器温和水温要双高。这样才能使乌龙茶(青茶)的内质发挥得淋漓尽致。在开泡前先要用开水淋壶烫杯，以提高器皿的温度。

(3) 冲泡用水要滚开(100℃)，但也不可"过老"。唐代茶圣陆羽把开水分为三沸："其沸如鱼目，微有声，为一沸；缘边如涌泉连珠，为二沸；腾波鼓浪，为三沸。"一沸之水还太嫩，用于冲泡乌龙茶劲力不足，泡出的茶香味不全。三沸的水已太老，水中溶解的氧气、二氧化碳已挥发殆尽，泡出的茶汤不够鲜爽。唯二沸的水称为"得一汤"。正如"天得一以清，地得一以宁"一样，只有用二沸的"得一汤"冲泡乌龙茶(青茶)，才能使茶的内质之美发挥到极致。

(4) 品乌龙茶(青茶)应"旋冲旋啜"。"旋冲旋啜"即要边冲泡边品饮。浸泡的时间过长(俗称座杯)，茶必熟汤失味且苦涩；出汤太快则色浅味薄没有韵。冲泡乌龙茶(青茶)应视其品种，室温，客人口感以及选用的壶具来掌握出汤时间。对于初次接触的乌龙茶(青茶)，温润泡后的第一泡可先浸泡15秒左右，然后视其茶汤的浓淡，再确定是延时还是减时。当确定了出汤的最佳时间后，从第四泡开始，每次冲泡均应比前一泡延时10秒左右。好的乌龙茶(青茶)"七泡有余香，九泡不失茶真味"。

2. 冰水冲泡法

乌龙茶(青茶)中所含营养成分很多，有些要在较高的水温中才能大量溶出，而有些在很低的温度下即可溶解。泡冰茶所用的水温低，茶水中单宁等有苦涩味的物质溶解得很少，所以冷开水冲泡乌龙茶(青茶)更加鲜爽清甘可口，只是香气和醇厚度稍差一些。泡冰乌龙茶(青茶)的程序很简单，具体如下：

(1) 备器。将一个可容一升水的白瓷茶壶洗净备用。

(2) 投茶。冰茶一般用于消暑，茶宜淡一些，一升容量的壶投茶10～15克即可。

(3) 冲水。先冲入少量温开水烫洗茶叶后把水倒掉，马上冲入冷开水，水温最好低于20℃。

(4) 冷藏。将冲满冷开水的茶壶放入冰箱的冷藏室中存放，4个小时后即可倒出饮用。冰茶倒净后可再冲进冷开水，一般可泡3次。

5.4.2　乌龙茶(青茶)茶艺表演操作流程

1. 潮汕功夫茶

(1) 备具。盖碗，品茗杯，茶承，茶叶罐，茶荷，茶匙，茶巾。

(2) 温具。泡茶前，先用开水壶向盖碗中注入沸水，斜盖碗盖，右手从盖碗上方握住碗身，将开水从碗盖与碗身的缝隙中倒入一字排开的品茗杯里。

(3) 赏茶。用茶匙从茶叶罐中拨取适量茶叶入茶荷，供宾客欣赏干茶的外形及香气。

(4) 置茶。将碗盖斜搁于碗托上，从茶荷中拨取适量茶叶入盖碗。

(5) 冲水。用开水壶向碗中冲入沸水。冲水时，水柱从高处直冲而入，要一气呵成，不可断续，俗称"高冲"。

(6) 刮沫。水要充至九成满，茶汤中有白色泡沫浮出，用拇指、中指捏住盖钮，食指抵住钮面，拿起碗盖，由外向内沿水平方向刮去泡沫。

(7) 洗茶。第一次冲水后，15秒内要将茶汤倒出，也称温润泡。可以将茶叶表面的灰尘洗去，同时让茶叶有一个舒展的过程。倒水时，应将碗盖斜搁于碗身上，从碗盖和碗身的缝隙中将洗茶水倒入茶承。

(8) 正式冲泡。仍以"高冲"的方式将开水注入盖碗中。如产生泡沫，用碗盖刮去后加盖保香。

(9) 洗杯。用拇指、食指捏住杯口，中指托底沿，将品杯侧立，浸入另一只装满沸水的品杯中，用食指轻拨杯身，使杯子向内转三周，均匀受热，并洁净杯子。最后一只杯子在手中晃动数下，将开水倒掉即可。

(10) 斟茶。第一泡，浸泡 1 分钟即可斟茶。斟茶时，盖碗应尽量靠近品杯，俗称"低斟"，可以防止茶汤香气和热量的散失。倾茶入杯时，茶汤从斜置的碗盖和碗身的缝隙中倒出，并在一字排开的品杯中来回轮转，通常反复二三次才将茶杯斟满，称为"关公巡城"。茶汤倾毕，尚有余滴，须一滴一滴依次巡回滴入各种茶杯，称为"韩信点兵"。采用这样的斟茶法，目的在于使各杯中的茶汤浓淡一致，避免先倒味淡、后倒味浓的现象。

(11) 奉茶。有礼貌地将茶杯奉到宾客面前。

(12) 品饮。

(13) 收杯。

2. 福建工夫茶

(1) 备具。紫砂小壶、品杯、茶船(茶洗)、烧水炉具、茶叶罐、茶荷、茶夹、茶则、茶匙、茶巾、水盂。

(2) 洁具。用开水壶向紫砂壶注入开水，提起壶在手中摇晃数下，依次倒入品杯中，这一步也称"温壶烫盏"。

(3) 赏茶。用茶则从茶叶罐中拨取适量茶叶入茶荷，供宾客欣赏干茶的外形及香气。

(4) 置茶。用茶匙拨取茶叶入壶，也称"乌龙入宫"。投放量为1克干茶 20毫升水，差不多壶的三成满。

(5) 温润泡。也称洗茶。用开水壶以"高冲"的方式冲入小壶，直至水满壶口，用壶盖由外向内轻轻刮去茶汤表面的泡沫，盖上壶盖后，立即将洗茶水倒入水盂。温润泡既可以使茶水清新纯洁，又可以使外形紧结的茶叶有一个舒展的过程，避免"一泡水，二泡茶"的现象。

(6) 正式冲泡。用开水壶再次"高冲"，并上下起伏，以"凤凰三点头"之式将紫砂壶注满，如产生泡沫，仍要用壶盖刮去，并盖上壶盖保香。

(7) 淋壶。用开水在壶身外均匀淋上沸水，可以避免紫砂壶内热气快速散失，同时，可以清除粘附于壶外的茶沫。

(8) 洗杯。用茶夹夹住杯壁，向内摇晃数下，将烫杯水倒入水盂，其余品杯依次倾空，码放成弧形或一字形。

(9) 斟茶。大约浸泡1分钟后，将壶口尽量靠近品杯，把泡好的茶汤巡回注入茶杯中，俗称"关公巡城"。将壶中剩余的茶汁，一滴一滴地分别点入各茶杯中，俗称"韩信点兵。"

(10) 奉茶。有礼貌地将茶奉到宾客面前，请宾客品饮。

(11) 品茶。

(12) 收杯。

3. 台湾乌龙茶

(1) 备具。茶盘、紫砂壶、闻香杯、品茗杯、杯垫、公道杯、滤网、茶则、茶夹、烧水壶具、茶叶罐、茶荷、茶匙、茶巾。

(2) 温壶烫盏。将开水注入紫砂壶和公道杯中，持壶摇晃数下，以巡回往复的方式注入闻香杯和品茗杯中。

(3) 赏茶。用茶则从茶叶罐中量取适量茶叶置于茶荷中，供宾客欣赏干茶的外形及香气。

(4) 置茶。用茶匙将茶荷中的乌龙茶(青茶)按需拨入茶壶中待泡，雅称"乌龙入宫"。

(5) 温润泡。也称"洗茶",方法同福建工夫茶。

(6) 正式冲泡。以"凤凰三点头"之式将茶壶注满。

(7) 刮沫。用壶盖从外向内轻轻刮去水面的泡沫。

(8) 淋壶。用公道杯中的开水均匀地淋在壶的外壁上。

(9) 洗杯。用茶夹依次将闻香杯和品茗杯中的烫杯水倒掉,并一对对地放在杯垫上,闻香杯在左,品茗杯在右。

(10) 滤茶。将滤网置于公道杯上,将壶中浸泡约1分钟的茶汤经过滤网倒入公道杯中。紫砂壶的水流尽量靠近过滤网,避免茶香散失。这一式也称为"玉液回壶"。

(11) 斟茶。执公道杯,将茶汤斟入闻香杯,至七成满为止。

(12) 奉茶。双手执杯垫,将茶奉到宾客面前。

(13) 品茶。先将闻香杯中的茶汤轻轻旋转倒入品茗杯,使闻香杯内壁均匀留有茶香,送至鼻端闻香。也可转动闻香杯,使杯中香气得到最充分的挥发。

(14) 收具。

5.4.3 乌龙茶(青茶)茶艺表演示范

1. 铁观音茶艺表演

主要用具:紫砂壶

茶叶选用:安溪铁观音

音乐选配:《春江花月夜》

解说词:

各位嘉宾,大家好!今天为大家冲泡的是产于福建安溪的名茶——铁观音。冲泡名茶必须有好的茶艺,这套茶艺共18道程序,接下来让我们一同领略铁观音的神韵。

第一道:备具候用。铁观音是圣洁的灵物,在冲泡铁观音之前,我们要涤心洗手,用这清清的泉水,洗净世俗的凡尘和心中的烦恼,让躁动的心变得祥和而安宁。

第二道:鉴赏佳茗。把铁观音从锡罐中请到茶荷备用。铁观音条索紧结卷曲,色泽砂绿。

第三道：仙鹤沐淋。即烫洗瓯杯，使器皿升温。

第四道：观音入宫。用茶匙将茶荷中的铁观音轻轻拨入紫砂壶中。投茶量视茶性而定，多则茶叶不易舒展，少则茶汤劲道不足。

第五道：振瓯摇香。趁着三才杯还很烫的时候，用力摇动茶杯，使铁观音在杯中均匀地受热并挥发出香气。

第六道：慈航普度。现在请观看铁观音的外观形状，并闻铁观音干茶的热香。优质铁观音应当外观蜷曲、壮结，色泽润绿，呈青蒂绿腹蜻蜓头状，干茶的热香清纯高雅，沁人心脾，使人愉悦。

第七道：悬壶高冲。用悬壶高冲的手法向紫砂壶中冲入开水，用壶盖轻轻刮去冲起的白色泡沫，随即冲干净杯盖。

第八道：重洗仙颜。用第一泡的茶汤淋洗紫砂壶的表面，提高壶外温度，有利于茶香散发。再次向紫砂壶中冲入开水，冲水时的水声像天籁一样启人心智，引人遐想。

第九道：若琛出浴。闷茶需要等待一会，在此期间我们将本已洁净的茶杯再清洗一次，以示对来宾的敬意。若琛出浴即为烫洗茶杯。

第十道：玉液移壶。将茶汤注入公道杯中。

第十一道：祥龙行雨。将泡好的茶汤依次巡回均匀地斟入若琛瓯。

第十二道：花好月圆。将品茗杯倒扣在闻香杯上保香。

第十三道：鲤鱼翻身。紧握闻香杯迅速翻转，称鲤鱼翻身。

第十四道：敬奉香茗。将茶敬献给各位嘉宾，让我们一同感受茶中极品。

第十五道：耳边听涛。将对杯置于耳畔，轻旋闻香杯，可听到叮咚的泉水声。

第十六道：喜闻天香。双手轻拢闻香杯，深吸一口气，感受铁观音天然的兰花香。

第十七道：细品音韵。铁观音的茶汤醇爽甘鲜，在品饮时会感到水中透香，品饮后感到齿颊留香。茶汤过喉，会觉得舌底鸣泉，神清气爽。茶汤入胃后，会感到有一股太和之气，让人五体通泰，血脉舒张，这就是观音韵。

第十八道：感恩谢茶。茶人要有感恩之心。在品饮了铁观音后，让我们一起默默地感谢上苍赐给我们这快乐之杯、健康之液、灵魂之饮。谢谢！

2. 大红袍茶艺表演

主要用具：三才杯

茶叶选用：大红袍

音乐选配：《渔舟唱晚》

解说词：

世界自然文化双遗产地武夷山，不仅是风景名山、文化名山，而且是茶叶名山，这里所产的大红袍是贡茶中的极品，清代乾隆皇帝在品饮了各地贡茶后曾题诗评价说："就中武夷品最佳，气味清和兼骨鲠。"现在我们就请各位嘉宾当回"皇帝"过把瘾，品啜茶王大红袍。

第一道：恭迎茶王。"千载儒释道，万古山水茶。"在武夷山碧水丹山的良好生态环境中，所生产的大红袍"臻山川精英秀气之所钟，品俱岩骨花香之胜"。现在我们请出名满天下的茶王——大红袍。

第二道：焚香静气。茶须静品，香可通灵。冲泡和品饮大红袍，要营造祥和肃穆的气氛。我们焚香，一敬天地，感谢上苍赐给我们延年益寿的灵芽；二敬祖先，是他们用智慧和汗水，把灵芽变成了珍饮；三敬茶神，茶神赴汤蹈火、以身济世的精神我们一定会薪火相传。

第三道：喜遇知己。清代乾隆皇帝在品饮了大红袍之后曾赋诗说："武夷应喜添知己，清苦原来是一家"。这位嗜茶皇帝在品饮大红袍之后，悟透了人生先苦后甜的哲理，不愧为大红袍的千古知音。现在就请大家细细观赏名满天下的大红袍，希望各位嘉宾也能像乾隆皇帝一样，成为大红袍的知己。

第四道：大彬沐淋。时大彬是明代制作紫砂壶的一代宗师，他制作的大彬壶令后人叹为观止，视为至宝。在茶人眼里，"水是茶之母，壶为茶之父"，冲泡大红袍这样的茶王，只有用大彬壶才能相得益彰。

第五道：茶王入宫。即把大红袍请入茶壶。

第六道：高山流水。武夷茶艺讲究"高冲水，低斟茶"。高山流水有知音，这倾泻而下的开水，如瀑布般鸣奏着大自然的乐章。请大家静心聆听，希望这高山流水能激发您心中的共鸣。

第七道：春风拂面。即用壶盖轻轻刮去茶汤表面的白色泡沫，使茶汤更加清澈亮丽。

第八道：乌龙入海。我们品茶讲究"头泡汤，二泡茶，三泡四泡是精华"。把头一泡的茶汤用于烫杯或直接注入茶盘，称之为"乌龙入海"。

第九道：一帘幽梦。第二次冲入开水后，茶与水在壶中相依偎、相融合。这时，还要继续在壶的外部浇淋开水，以便让茶在滚烫的壶中孕育出香，孕育出味，孕育出妙不可言的岩韵。这种神秘的感觉恰似那一帘幽梦。

第十道：玉液移壶。冲泡大红袍，最忌讳在壶中长久积汤，因此要准备两把壶，其中一把用于泡茶，称为母壶；另一把用于储存茶汤，称为子壶。把泡好的茶汤从母壶倒入子壶称之为"玉液移壶"。

第十一道：祥龙行雨。将子壶中的茶汤快速而均匀地注入闻香杯，称之为"祥龙行雨"，取其"甘霖普降"的吉祥之意。

第十二道：凤凰点头。壶中的茶汤所剩不多时，改为点斟的手法，称为凤凰点头，象征向各位嘉宾行礼致敬。

第十三道：龙凤呈祥。把品茗杯扣合在闻香杯上称龙凤呈祥，意在祝福天下有情人终成眷属，祝福所有的家庭幸福、美满、和睦。

第十四道：芙蓉出水。用双手把扣合好的杯子翻转过来称为芙蓉出水。荷花出淤泥而不染，这正是茶道所倡导的精神。

第十五道：敬奉香茗。即把冲泡好的大红袍敬献给各位嘉宾。

第十六道：三龙护鼎。这是持杯的手势，三个手指喻为"三龙"，茶杯如鼎，故名"三龙护鼎"，这样持杯既稳当又雅观。

第十七道：喜闻天香。大红袍的茶香锐则浓长，清则悠远，如梅之清逸，如兰之高雅，如熟果之甜润，如乳香之温馨。来！请大家细闻这妙不可言的天香。

第十八道：鉴赏双色。大红袍的茶汤清澈艳丽，呈深橙黄色，在观赏时要注意茶水在杯沿和杯底都会呈现出明亮的金色光圈，所以称为鉴赏双色。

第十九道：初品奇茗。即品头道茶。品茶时我们啜入一小口茶汤但不要急于咽下，而是用口吸气，让茶汤在口腔中流动并冲击舌面、舌尖和舌侧的味蕾，以便精确地品出这一泡茶的火攻水平。

第二十道：再斟流霞。"流霞"是清亮艳丽的茶汤的代名词。再斟流霞，即为大家斟第二杯茶。

第二十一道：白鹤展翅。现在请大家像茶艺师那样，把品茗杯扣在闻香杯上，然后用单手大幅度地把对扣的杯子翻转过来，这样的手势称为"白鹤展翅"。

"白鹤展翅"一飞冲天，直上青云，这道是让我们共同祝愿我们的祖国飞跃发展，展翅腾飞。

第二十二道：敬杯谢茶。最后请大家干了这杯中之茶。这第三道茶是茶中的精华，希望大家品了这道茶后，生活像大红袍一样芳香持久、回甘无穷。

5.5　红茶茶艺

红茶是世界上消费量最大的一种茶类。红茶属于全发酵茶类，其特点是：红叶、红汤、红叶底。红茶具有极好的兼容性，最适合加奶、加蜂蜜、加糖、加果汁、加柠檬、加香料，甚至加酒，可调和成各种浪漫饮料。

5.5.1　红茶的冲泡技巧

"松雨声来乳花熟，咽入香喉爽红玉。"如果说品味绿茶如同品读田园诗、山水诗，需要多一些灵感，多一些想象力，那么品饮红茶就如同在品读爱情诗，需要多一点深情，多一点温柔。被日本红茶界专家誉为"冲泡红茶第一人"的高野健次先生说："23年来，每日不间断地与红茶朝夕相处，使我深深地体会到，不管你的大脑对红茶有多么了解，你仍然无法泡出一壶好红茶来。唯有不断地去尝试，用感觉去理解，才能真正踏入红茶的国度。"他强调要想泡好红茶，不仅要多尝试，而且要"与茶叶对话"。冲泡红茶主要应注意以下三个方面的问题：

(1) 器皿的选择。饮热的纯红茶一般宜选用精美的圆形瓷壶和细瓷杯组合，这样的组合比较温馨并富有情趣。饮冰红茶，可用瓷壶泡后，冲入装有冰块的玻璃杯饮用。

(2) 水的选择。冲泡红茶不宜选用硬水，应选用太空水、纯净水、蒸馏水等软水。水中含矿物质少，含新鲜空气多者为佳。隔夜的水、二度煮沸的水、保温瓶中的水一律不适合用来泡红茶。冲泡各种红茶的水温均以初沸为最宜。

(3) 投茶量。150毫升的标准杯以2.5克为宜。用壶冲泡红茶时，茶人有一句格言："一匙给你，一匙给我，一匙喂茶壶。"每一小匙红茶约2.5克，即投茶量每一壶至少要有7.5克左右。如果茶叶太少，即使少冲水也无法充分发挥出红茶的香醇味。

5.5.2　红茶茶艺表演操作流程

(1) 备具。紫砂壶，白瓷茶杯，茶叶罐，茶匙，煮水器，茶巾，水盂。

(2) 洁具。用开水注入壶中，持壶摇数下，再依次倒入杯中，以洁净茶具。

(3) 置茶。用茶匙从茶叶罐中拨取适量茶叶入壶，根据壶的大小，每 60 毫升左右水容量需要干茶1克(碎红茶每克需 70～80 毫升水)。

(4) 冲泡。将 90℃ 左右的开水高冲入壶。

(5) 分茶。静置 3～5 分钟后，提起茶壶，轻轻摇晃，待茶汤浓度均匀后，采用循环倾注法——倾茶入杯。

(6) 奉茶。有礼貌地将茶奉给宾客品饮。

(7) 品茶。

(8) 收具。

5.5.3 红茶茶艺表演示范

主要用具：白瓷茶壶、茶杯

茶叶选用：祁门工夫红茶

音乐选配：《梅花三弄》

祁门工夫红茶产于安徽省祁门县，清光绪年间开始仿照闽红试制生产。因其内质优异，与闽红、宁红齐名，国外也有将祁门红茶与印度大吉岭茶、斯里兰卡乌伐的季节茶并称为世界三大高香茶。

第一道："宝光"初现。祁门工夫红茶条索紧秀，锋苗好，茶条乌黑润泽，被誉为世界三大高香茶之一，为红茶中的上品。

第二道：清泉初沸。将壶中用来冲泡的泉水加热，微沸时，壶中上浮的水泡仿佛"蟹眼"已生。

第三道：温热壶盏。用初沸之水，注入瓷壶及杯中，使壶、杯升温。

第四道："王子"入宫。祁门工夫红茶也被誉为"群芳最"和"王子茶"。用茶匙将茶荷或赏茶盘中的红茶轻轻拨入壶中。

第五道：悬壶高冲。这是冲泡红茶的关键。冲泡红茶的水温要在90～100℃(水温应视茶性而定)，刚才初沸的水，此时已是"蟹眼已过鱼眼生"，正好用于冲泡，而"高冲"可以使茶叶在水的激荡下，充分浸润，以利于色、香、味的充分发挥。

第六道：分杯敬客。用循环斟茶法，将壶中之茶均匀地分入每一杯中，使杯中之茶的色、味一致。

第七道：喜闻幽香。一杯茶到手，先闻其香。祁门工夫红茶是世界公认的三大高香茶之一，其香浓郁高长、甜润，有"茶中英豪"之美称。

第八道：观赏汤色。红茶的红色，表现在冲泡好的茶汤中。祁门工夫红茶的汤色红艳，杯沿有一道明显的"金圈"。茶汤的颜色和明亮度，表明红茶的发酵程度和茶汤的鲜爽度。再观叶底，嫩软红亮。

第九道：品味鲜爽。闻香观色后即可缓啜品饮。祁门工夫红茶以鲜爽、浓醇为主，与碎红茶浓强的刺激性口感有所不同，滋味醇厚、回味绵长。

第十道：三品得趣。红茶通常可冲泡三次以上，细饮慢品，徐徐体味茶之真味，方得茶之真趣。

第十一道：收杯谢客。红茶性情温和，收敛性强，易于交融，因此通常用之调饮。祁门工夫红茶同样适于调饮，然清饮更易领略祁门工夫红茶独特的"祁门香"香气，领略其独特的内质、隽永的回味、明艳的汤色。感谢来宾的光临，愿所有的爱茶人都像这红茶一样，相互交融，相得益彰。

5.6　黑茶茶艺

黑茶属于后发酵茶。黑茶较耐冲泡，宜煎熬煮饮。因为黑茶在渥堆发酵过程中温湿度较高且有微生物参与，促使多酚类充分氧化，使得黑茶茶汤色橙黄带红，陈香醇正，滋味醇和，既适宜清饮，也适宜调饮。

5.6.1　黑茶的冲泡技巧

黑茶是最讲究冲泡(烹煮)技巧和品饮艺术的茶类。冲泡品饮绿茶、黄茶、白茶主要讲究"色、香、味、形"；冲泡品饮乌龙茶(青茶)主要讲究"色、香、味、韵"，其中韵是重点；而冲泡(烹煮)黑茶过程中除了同样要注意展示茶的色、香、味、韵之外，还特别追求新鲜自然和陈香滋气。新鲜自然是指要选用在干仓条件下自然陈化的优质黑茶，以及符合国家卫生标准，用泼水渥堆快速发酵方法生产的黑茶。优质黑茶外形结实有光泽，香气陈香浓郁或陈香纯正，汤色栗黄明亮或栗红明亮，叶底活性柔软；而劣质黑茶外形暗淡松脆，香气混浊有霉味或土腥味，汤色暗栗色或发黑，叶底暗栗发黑。

优质黑茶的陈香清悠淡雅而多变，主要表现为荷香、兰香、樟香和青香。下列两种情况的黑茶可能保留有荷香：一是比较嫩的黑茶散茶;二是大叶种老茶树的晒青毛茶经过适当条件陈化。荷香清幽淡雅,若冲泡不得法会稍纵即逝,宜用滚沸的开水快速冲泡,快速出汤。品饮时应将茶汤含入口中,稍事停留并轻轻用口吸气,使茶香进入鼻腔,并用心去感受。

兰香是王者之香。用次嫩的三、四、五等优质黑茶茶青,在适当条件下经过陈化后熟,一般都会产生兰香。为了能充分享受美妙而含蓄的兰香,在冲泡时也应用滚沸的开水快速冲泡,快速出汤,以免兰香散失。

樟香是普洱茶独有的香气,分为青樟香、野樟香、淡樟香三种不同的类型。青樟香高锐鲜爽,充满青春活力;野樟香浓郁强烈,有成熟、丰腴之美;淡樟香飘逸脱俗,禅意绵绵,既是天香,又是心香,在空灵飘渺中会唤起人们无限遐想。普洱茶的香型还有青香,这也是陈化的结果。

在品饮普洱茶时,还要特别注意茶气和水性的变化。为了感受普洱茶之气,我们提倡普洱茶最宜温喝静品。温喝是指茶汤不宜太热,也不宜太冷。如果太热则热气盖过茶气,喝得满身大汗,根本无心去感受茶气;如果茶汤太冷,茶气已荡然无存,冷冰冰的茶水喝到口中唯觉凉爽而已。

黑茶冲泡的器具选择方法如下:

紫砂壶(最佳):用紫砂壶冲泡普洱茶,可以减轻普洱茶中的杂味,紫砂壶透气性好且保温性好,有利于茶内含物的浸出,故选用圆形壶腹、出水流畅的紫砂壶冲泡为最佳。

盖碗杯(最常用):由于盖碗清雅的风格最能反映出普洱茶色彩的美,可以自由欣赏普洱茶汤的色泽变化,故盖碗杯为现代茶艺常用的冲泡器皿。

土陶瓷提梁壶(实用便捷):土陶瓷提梁壶一般体积较大,且适合人数较多、朋友之间一起饮用,故土陶瓷提梁壶已经成为一种新的时尚。

5.6.2　黑茶茶艺表演操作流程

(1)备具。准备茶盘、盖碗、公道壶、小品杯(多用白瓷杯,可以更好地欣赏汤色)、茶叶罐、茶则、茶针、茶巾、烧水炉具。

（2）温壶烫盏。将烧沸的开水冲入盖碗，再将盖碗中的沸水倒入公道壶，持公道壶摇几下，依次倒入小品杯中。

（3）置茶。用茶则从茶叶罐中拨取适量茶叶置入盖碗，一般用茶量为 5~8 克。

（4）洗茶。将沸水大水流冲入盖碗，使盖碗中的茶叶随水流快速翻滚，达到充分洗涤的目的。将洗茶水从斜置的碗盖和碗沿的间隙中倒出。

（5）泡茶。再次将沸水先高后低冲入盖碗后加盖。冲泡时间分别为：第一泡10秒，第二泡15秒，第三泡后，依次冲泡 20 秒。若是久陈的普洱茶，至第十泡时，茶汤依然红艳，甘滑回甜。

（6）出汤。将盖碗中冲泡的普洱茶汤倒入公道壶中，出汤前要用碗盖刮去浮沫。

（7）分茶。将公道壶中的茶汤依次倒入小品杯中，以七成满为宜。

（8）奉茶。将小品杯放在杯托上，双手奉给宾客饮用。

（9）品茶。

（10）收杯。

5.6.3　黑茶茶艺表演示范

主要用具：腹部稍阔的紫砂壶

茶叶选用：陈年普洱茶

音乐选配：《禅院钟声》

解说词：

第一道：茶具风韵。精美的茶具极具欣赏性，现在请大家欣赏所用茶具。紫砂壶，造型周正，出水流畅，是冲泡普洱茶的理想器皿；玻璃公道杯，便于欣赏普洱茶的汤色；白瓷品茗杯。

第二道：甘泉沸鼎。冲泡普洱茶要求水温达到100℃，而且要急火快攻。现用电随手泡将纯净水烧至沸腾。

第三道：圆月同赏。今天所选用的是七子圆饼普洱茶，其外形周正圆整，色泽褐润，陈香迷人，"香于九畹芳兰气，圆如三秋皓月轮"，赞美普洱茶香胜幽兰，美如圆月，请大家一起欣赏。

第四道：温杯热壶。用开水将所用器具烫洗一遍，提高茶壶茶杯的温度，有利于保持茶汤的口感。

第五道：普洱进宫。将从茶饼上撬取下来的普洱茶投入紫砂壶中，投茶量应视茶的性质而定，过多则茶汤过于浓厚，过少则劲道不足。

第六道：春风拂面。陈年的普洱是经过多年陈化而成，在冲泡时，头一道茶一般不喝，向壶内注水至水略溢出，再用壶盖将浮沫刮去，随即将水倾入水盂。

第七道：悬壶高冲。用"高冲"的手法向壶内注水至满。

第八道：摇壶催韵。提起紫砂壶，轻轻摇动壶身，以加速茶内含物的浸出，再将茶汤注入公道杯中。

第九道：巡分茗露。透过玻璃杯，欣赏陈年普洱茶汤红亮，美不胜收。将公道杯中均匀的茶汤依次注入品茗杯中，注茶量以七分满为宜。

第十道：温情献茶。将冲泡好的茶敬献给在座的各位客人。有时，可以看到普洱茶茶汤表面有一层薄雾乳白朦胧，令人浮想联翩。

第十一道：柔品寻韵。好的普洱茶陈香明显，茶汤入口，稍停片刻，细细体会普洱茶的润滑和甘厚；领悟普洱茶的顺柔和陈韵，细细品味普洱的陈香、陈韵，此刻，茶气、茶滋在口中慢慢弥散，一定能品出历史的厚重。

第十二道：施礼谢幕。优质的陈年普洱只要冲泡得法，可泡十几次以上，且每一道茶香、茶性均各有特点，让品茶人爱不释手。当茶正热、香正浓的时候，因时间关系，我们的表演即将结束，这正是"荆棘从中脚下易，明月窗前回头难"。愿各位伴随着袅袅茶香去品味更多的人生哲理。

谢谢各位！

参 考 文 献

[1] 陆羽. 茶经[M]. 北京：中华书局，2010.

[2] 林治. 中国茶艺学[M]. 北京：世界图书出版公司，2011.

[3] 罗学亮. 中国茶道与茶文化[M]. 北京：金盾出版社，2014.

[4] 贾红文，赵艳红. 茶文化概论与茶艺实训[M]. 北京：清华大学出版社，2010.

[5] (清)彭定求等校点. 全唐诗(共25册)[M]. 北京：中华书局，1960.

[6] 北京大学古文献研究所. 全宋诗(全72册)[M]. 北京：北京大学出版社，1998.

[7] 赵艳红. 茶文化简明教程[M]. 北京：北京交通大学出版社，2012.

[8] 檀亚芳，刘学芬. 茶文化与茶艺[M]. 北京：北京大学出版社，2011.

[9] 刘启贵. 茶艺师(初级)[M]. 北京：中国劳动社会保障出版社. 2007.

[10] 陈文华. 中国茶文化学[M]. 北京：中国农业出版社. 2006.

[11] 双福，陈秀花，李珊等. 茶艺•茶具全图解[M]. 北京：化学工业出版社，2014.

[12] 余悦. 中华茶艺(上)[M]. 北京：中央广播电视大学出版社，2014.

[13] 乐饮. 中国茶艺百问百答[M]. 长沙：湖南美术出版社，2010.

[14] 劳动和社会保障部中国就业培训技术指导中心组织编写. 茶艺师：初级技能 中级技能 高级技能[M]. 北京：中国劳动社会保障出版社，2004.

[15] 王玲. 中国茶文化[M]. 北京：九州出版社. 2009.

[16] 钟建安. 中国茶文化史[M]. 北京：中央广播电视大学出版社. 2013.

[17] 湖南农业大学茶艺师培训中心编写. 茶文化基础与茶艺. 2011.